Il Narcisista e L'Empatico

Dove ha origine l'abuso narcisistico e come provare a gestirlo. Riconoscere i tratti emotivi della vittima e scoprire la loro funzione

Cecilia Overt

"Ho cercato quasi disperatamente di farla innamorare di me. Non appena accertato che era successo esattamente quello, diedi inizio alla ritirata"

Don Delillo

Sommario

Introduzione

Caro lettore, prima di tutto vorrei cominciare con un gigantesco GRAZIE per aver acquistato questo libro.

Mi preme, però, fare una premessa. Ho già scritto un libro sul Narcisismo. In questo, cercherò di andare un po' più nello specifico per delinearne meglio alcuni aspetti ed approfondire così il disturbo narcisistico della personalità. L'idea che ho nella mente è quella di fornire ai lettori argomentazioni sempre nuove ed allo stesso tempo chiare sui diversi aspetti di questo disturbo della personalità ed esporle con un linguaggio semplice ed adatto a tutti, magari analizzandone i contenuti da prospettive diverse. Cerca quindi di considerare ogni mio approfondimento sull'argomento come un pezzo di un puzzle più grande che vedrà la sua conclusione solo nell'ultimo libro. E perdonami se in alcune parti potrò sembrare ripetitiva. Ma è mia intenzione cercare di offrire ai lettori chiavi di lettura differenti del medesimo fenomeno proprio per cercare di farlo metabolizzare meglio. Lo sai che uno dei metodi più efficaci di riprogrammazione mentale è proprio la ripetizione?

Bene, partiamo subito a bomba!

Hai mai provato vergogna per i comportamenti del tuo partner?

Lui ti ha mai spaventata o fatta sentire inutile come se non fossi in grado di fare mai niente di giusto?

Tu magari ce l'hai sempre messa tutta, hai provato duramente a farti accettare ma sei stata sempre criticata e sminuita vero? E dulcis in fundo, ti ha sempre detto che **avresti potuto fare di più**.

Si, proprio così! Hai dato sempre il massimo, eppure sei sempre stata umiliata e criticata fino al punto di arrenderti e finire in un angolo ad accettare le tue inefficienze.

Ti ha insegnato che i tuoi sentimenti non contano nulla e ti ha reso incapace di decidere. Il tuo compito è sempre stato quello di "assecondare", qualsiasi cosa accadesse. Magari eravate al ristorante e ti sei resa conto che lui ordinava per te senza chiederti nulla e si comportava spesso come se tu non ci fossi.

Tutto questo ti suona familiare? Bene, se è così, potresti essere, o esser stata, vittima di un manipolatore narcisista.

Questa curiosa tipologia di soggetti, non si preoccupa affatto delle altre persone. Loro vogliono avidamente tutto e si aspettano che gli altri soddisfino i loro desideri. Non esitano a mentire, non esitano a tradire i loro partner, non esitano a rubare, a manipolare, a minacciare, a ricattare o persino a ferire fisicamente altre persone pur di ottenere quello che vogliono. E i più colpiti, sono sempre quelli più vicini a loro. Partner romantici, bambini e amici, sono vittime predestinate che attirano continue attenzioni e finiscono sempre per esser oggetto di macchinose e violente manipolazioni.

Se pensi quindi di avere, o aver avuto, un narcisista nella tua vita e sei pronta ad intraprendere un percorso di rinnovamento, questo libro potrebbe essere un buon punto di partenza. Attenzione, non pretendo nel modo più assoluto di risolvere il tuo problema, questo sia chiaro. Ma penso di poterti dare degli ottimi spunti per cominciare a capire cosa fare e come muoverti. Voglio quindi accompagnarti durante la lettura attraverso l'identificazione di questa particolare categoria di persone e cercherò di insegnarti ad individuare i loro comportamenti abusanti. Ti informerò su alcuni dettagli per gestire gli abusi man mano che essi si verificano e cercherò quanto più possibile di darti elementi in grado di aiutarti ad evitarne altri. Proverò, altresì, a tracciare delle linee guida per farti capire come iniziare ad uscire da questo tipo di situazioni e riprendere il controllo.

Il recupero dall'abuso narcisistico, amica mia, è una strada lunga e tortuosa ma intraprenderla ne vale assolutamente la pena. Attraverso questo tuo eventuale percorso, potrai riscoprire l'amore per la vita ed il tuo grande valore. Imparerai a rispettarti e prenderti cura di te stessa e ti avvicinerai sempre di più a quella serenità fisica e mentale che, in quanto essere umano, meriti senza alcuna ombra di dubbio.

Prima di tutto, comincia a tenere bene a mente il fatto che non meriti di esser abusata né tantomeno di sopportare continui tentativi di manipolazione. Sei nel pieno dei tuoi diritti per decidere che è ora di darci un taglio e cominciare a proteggerti.

Nessun dottore credo ti abbia mai prescritto di rimanere con un soggetto narcisista.

Potrai vivere benissimo senza di lui (o lei). E nonostante quello che il narcisista potrebbe averti detto e fatto, ricorda che tu sei abbastanza. Ti basti da sola. Sei e sarai sempre degna di rispetto e dovrai pretendere ogni santo giorno di esser trattata con quel minimo di decenza umana di base che è il presupposto di ogni rapporto.

Sei pronta? Hai deciso di averne abbastanza di tutti questi abusi e maltrattamenti? Si? Allora continua a leggere. Nel mentre, per quel che mi riguarda, ti auguro un buon proseguimento invitandoti ad avere pazienza e compassione per te stessa. I risultati, per questo particolare tipo di percorso, richiedono tempo e costanza. So che ce la farai. Buona lettura...

Capitolo 1 – Chi è il narcisista

Questo libro si prenderà un po' del tuo tempo per approfondire il discorso sul narcisismo, sull'abuso narcisistico e su alcuni degli altri argomenti relativi al disturbo narcisistico della personalità.

Ritengo però opportuno, prima di passare a questo, essere necessario prendersi un po' di tempo per esplorare la figura del narcisista.

Partiamo da un assunto fondamentale: il narcisista non è in grado di comprendere i pensieri e i sentimenti delle altre persone, questo lo avrai ormai capito. Quando qualcuno viene danneggiato e questo va a beneficio del narcisista, o almeno non gli causa del male, allora va bene così, a lui non importa niente altro. È un soggetto furbo e molto abile nel cercare di imbattersi in qualcuno di particolarmente idoneo a dargli ciò che lui vuole.

Avere a che fare con un narcisista, sia che si tratti di una relazione intima con lui o meno, può rappresentare, nella migliore delle ipotesi, una sfida durissima. Nella peggiore, invece, sarà un inferno. Il narcisista, durante la relazione, avrà a cuore solo i propri interessi benché, all'altro farà credere il contrario, e non si preoccuperà affatto, perché non ne ha la capacità, di prendersi cura dell'altro. Purtroppo, all'inizio, questa è una cosa difficile da riconoscere per il potenziale partner. Quasi sempre finirà per innamorarsi e comincerà ad immaginare una vita da favola. L'amore, però, è solamente nella testa, e ahimè nel cuore, della vittima. Il narcisista non ci pensa proprio all'amore, non ne è in grado. Di conseguenza, il partner sarà costantemente danneggiato e si infilerà in un incubo senza fine dove ad avere il controllo sarà sempre e solo il narcisista che si assicurerà, nei modi più disparati, di ottenere quell'amore e quell'affetto a lui necessari, incatenando l'altro al proprio delirio.

Detto questo, dobbiamo anche aggiungere che la discussione sul narcisista risulterebbe incompleta se non accennassimo anche al disturbo narcisistico di personalità. Fondamentalmente, è proprio questo ciò che governa un narcisista. Il DNP è un disturbo della personalità che definisce una condizione mentale per cui la persona vive un senso molto gonfiato relativamente alla propria importanza nonché un profondo bisogno di quantità eccessive di ammirazione ed attenzioni. Chi ne soffre, focalizza tutto il suo tempo su questo. Ciò, a cui si aggiunge un importante deficit empatico a seconda del grado, comporterà il continuo instaurare e protrarsi di relazioni tossiche e disfunzionali che producono dolore e disagio nelle persone che decidono di stargli accanto.

In apparenza, il narcisista può sembrare un portatore sano di fiducia caratterialmente impeccabile ma, sotto tutto questo, alberga invece una fragile autostima che è vulnerabile alle critiche più banali, anche quelle scherzose, e che spesso lo porta ad avere reazioni esagerate che sfociano quasi sempre in seri problemi.

Il DNP, generalmente, comporta problemi nella maggior parte delle aree della vita del narcisista a partire dalla scuola per poi continuare nei suoi affari finanziari, nel lavoro e nelle altre relazioni.

Le persone con questo tipo di disturbo si sentiranno spesso infelici rimanendo sovente deluse per il fatto che gli altri non danno loro l'ammirazione e i favori speciali che sentono di dover ricevere. Non importa che tutto questo non gli è dovuto. Loro pensano il contrario e non capiscono perché gli altri non siano sempre pronti a consegnarglielo.

Possono entrare in una relazione e trovarla insoddisfacente! E spesso, pervasi da un tremendo senso di disagio, hanno problemi a divertirsi quando gli altri sono intorno a loro.

Ora, ti farà sicuramente piacere sapere che esistono dei trattamenti per questo tipo di disturbo. Spesso, però, il narcisista non li prende in considerazione. Lui è nato in questo modo; è cresciuto così e, proprio per questo, non vede nulla di sbagliato nel suo comportamento. Di conseguenza, non vedendo problemi, non sente nemmeno la necessità di andare in terapia ed ottenere aiuto in un eventuale processo di recupero. L'unica circostanza attraverso la quale può arrivare in terapia è se viene in qualche modo convinto da qualcun altro e per motivi legati alla consulenza matrimoniale. Rimane il fatto che l'eventuale percorso di recupero presuppone un'importante quantità di tempo e dedizione prima che il soggetto cominci a rendersi conto che il suo modo di pensare è sbagliato. Di conseguenza, i cambiamenti tarderanno ad arrivare.

Come fare quindi a rendersi conto di avere a che fare con un soggetto narcisista? Esistono alcuni segnali e sintomi cui tu potresti cominciare a prestare attenzione quando cerchi di determinare se qualcuno che ti è accanto soffre di questo disturbo. La gravità di essi, generalmente, varia in base alla situazione e alla persona. Te ne fornisco un elenco:

1. Ha un senso esagerato di sé

2. Si sente autorizzato più di quanto dovrebbe, a richiedere, implicitamente od esplicitamente, eccessiva e costante ammirazione nel tempo

3. Si aspetta che gli altri lo riconoscano come superiore anche senza alcun tipo di risultati che certifichino questa superiorità

4. Passa molto tempo ad enfatizzare i propri talenti e risultati

5. È molto occupato ad alimentare fantasie relative al partner perfetto, alla bellezza, al potere e persino al successo.

6. Crede di essere superiore e di doversi accompagnare solo con persone che ritiene uniche (tenterà comunque di svalutarle nel tempo)

7. Sente un continuo bisogno di monopolizzare le conversazioni mentre guarda dall'alto in basso le altre persone sminuendole perché ritenute inferiori

8. Si aspetta che gli altri gli offrano favori speciali e che soddisfino le sue continue aspettative senza batter ciglio

9. Non ha alcun problema a trarre vantaggio dagli altri nei modi peggiori pur di ottenere quello che vuole

10. Ha una significativa incapacità, o nel grado minore non è disposto, a riconoscere i sentimenti e le esigenze di coloro che lo circondano

11. È spesso invidioso degli altri intorno a lui e pensa che siano gli altri a provare invidia nei suoi confronti

12. Si comporta in modo orgoglioso e arrogante presentandosi come presuntuoso e pretenzioso

13. È ossessionato dall'insistere di avere il meglio di tutto in modo da potersi vantare e mettere in mostra con gli altri

E questo, cara lettrice, o lettore, è solo l'inizio del problema. I narcisisti, difatti, hanno anche un temperamento ed una personalità che gli rendono difficile metabolizzare come comportarsi in modo sano nella società finendo spesso per preoccuparsi più di come appaiono agli occhi degli altri che di come interagiscono. Non gli piace essere criticati e pensano che chiunque finisca sulla loro strada debba essere pronto ad adularli permettendogli di fare ciò che vogliono.

Visto? In fin dei conti, compreso per bene questo, potrai benissimo renderti conto di quanto essi siano completamente l'opposto di come vogliono apparire. Si spacciano per leoni quando invece sono dei gattini terrorizzati dal mondo. Ma andiamo avanti...

Oltre ai segnali e ai sintomi che abbiamo appena affrontato, potresti scoprire che gli individui che soffrono del disturbo narcisistico della personalità fanno fatica ad affrontare ciò che nella società viene visto e considerato come solito e consueto e hanno problemi nel gestire tutto ciò che da loro viene decodificato come critica personale.

Per questi motivi il narcisista può:

1. arrabbiarsi o spazientirsi ogni volta che sentirà di non ricevere quel trattamento speciale che brama ossessivamente

2. avere problemi con tutto ciò che è interpersonale con una forte propensione a vedersi disprezzato anche relativamente a piccole cose

3. reagire con disprezzo e rabbia violenta riguardo piccole mancanze del prossimo

4. tentare di sminuire coloro che lo circondano nella speranza di apparire superiore agli altri con cui si sta relazionando

5. fare fatica quando si tratta di gestire il suo comportamento e le sue emozioni

6. avere grossi problemi quando è il momento di affrontare lo stress che spesso la vita impone

7. mal tollerare il bisogno di adattarsi a qualsiasi tipo di cambiamento

8. diventare improvvisamente lunatico e depresso quando finisce per determinarsi non all'altezza della situazione

9. provare fortissimi sentimenti di umiliazione, vulnerabilità, vergogna e insicurezza che cercherà costantemente di nascondere alle altre persone

Chi ha questo tipo di disturbo della personalità è fortemente incline a pensare che non ci sia assolutamente niente di sbagliato in lui. Questo è un tratto molto importante. Perché proprio per questo motivo, è molto poco probabile vederlo cercare concretamente l'aiuto di cui avrebbe necessario bisogno. Per quei pochi casi in cui questo accade, si tratta probabilmente di soggetti che cercano sostegno per problemi di dipendenza relativi all'uso di droghe e alcol, oppure per sintomi di depressione o per qualche altra condizione di salute mentale che necessita di particolare attenzione. Spesso, infatti, la diagnosi di narcisismo avviene di riflesso durante il trattamento terapeutico di altre problematiche. Trattamento che, purtroppo, sovente dura veramente poco perché tali soggetti sono molto inclini a percepire qualsiasi cosa come un insulto alla loro autostima. Avranno di conseguenza difficoltà ad accettarlo e finiranno quindi o per interrompere prematuramente la terapia oppure per cominciare a tentare di manipolare il terapista con esisti però decisamente scarsi.

Se quindi conosci qualcuno che ha questi tratti oppure li individui in te, potrebbe essere opportuno parlarne con un supporto competente od un terapista. Perché anche se generalmente questo tipo di personalità sono molto restie a ricevere aiuti in senso tecnico, è mio dovere provare ad aprire una breccia potenzialmente idonea nello spingere a "tentare" di farlo chi è in relazione con loro oppure chi pensa di avere tratti narcisistici.

Bene, ora se hai appena scaraventato il libro od il tuo lettore e-book sul vetro della finestra perché in preda ad una tremenda collera, ti invito a raccoglierlo, a controllare che tutto sia a posto ed a proseguire con la lettura.

Capitolo 2 – Dove nasce l'abuso del narcisista

Come abbiamo già avuto modo di vedere in altre sedi, i narcisisti sono individui che soffrono di quel particolare disturbo della personalità, chiamato appunto disturbo narcisistico di personalità, che nel DSM-5 viene compreso nel cluster B assieme al disturbo borderline, al disturbo antisociale ed al disturbo istrionico. Il cluster B riguarda tutte quelle condotte di comportamento che sono classificabili come drammatiche, emotive e disregolate. In genere, i narcisisti hanno comportamenti che soddisfano tre tratti distinti:

1. Mancano di empatia oppure la loro capacità di provare empatia è fortemente compromessa e limitata.

2. Richiedono continue attenzioni cercandole in chiunque ed avendone bisogno per convalidare la loro esistenza.

3. Manifestano grandiosità nel senso che si sentono come se fossero migliori, speciali, ed unici rispetto a tutti quelli che li circondano.

Un narcisista, in particolare quando vuole ottenere qualcosa che incontra resistenza, tende a manipolare gli altri. Vede il mondo e la sua posizione all'interno del mondo attraverso lenti distorte e non "funziona" in modo normale.

Per lui, al momento, non esiste cura. È testardo ed assolutamente incapace di vedere le proprie colpe e crede di essere assolutamente perfetto. Questo suo perfezionismo viene automaticamente usato per giustificare tutto. Quando, raramente, accetta un confronto e gli viene suggerito un approccio terapeutico, che sarebbe l'unica strada attraverso la quale raggiungere cambiamenti importanti, comincia a negare l'evidenza avanzando prepotentemente tutte le sue illusioni di perfezione e grandezza come strumento di giustificazione.

Chi è il Narcisista

Come individuo, il narcisista è un soggetto estremamente difficile da capire per tante persone. Il suo cuore viene governato da tre principi fondamentali che caratterizzano la sua personalità.

1. È sorprendentemente reattivo quando viene criticato.

2. Manca di autostima, al contrario di quello che vuol far credere.

3. Risponde alla sua percezione della realtà sfidandola con rabbia e abusi verso gli altri.

Nonostante la sua tipica facciata di sentirsi ed apparire migliore di tutti gli altri, è invece piuttosto sensibile. A causa della sua sensibilità, tende a reagire con forza e violenza quando le cose non vanno secondo i suoi programmi. Se, pertanto, hai intenzione di cominciare a comprendere un po' meglio il suo modo di vivere, dovrai necessariamente considerare questi 3 tratti. Analizziamoli un po' più nel contenuto.

1. Insofferenza alle critiche

Il narcisista non vuole essere criticato, è una cosa che odia, non la sopporta proprio. Crede di essere sempre superiore, per un motivo o per l'altro, ed ogni volta che viene criticato, sia in modo costruttivo oppure perché magari l'interlocutore si è stancata dei suoi modi arroganti, lo vive come un qualcosa di tremendamente personale. Per lui, ogni cosa è potenzialmente vista come un affronto, come un attacco alla sua persona. Anche un'eventuale critica costruttiva, fatta con le migliori intenzioni, come quella ad esempio di consigliarlo sullo sperimentare un nuovo metodo di comunicazione più efficiente e rispettosa, viene in qualche modo interpretata in modo contorto finendo per far sentire il narcisista come se fosse stato maltrattato o vittimizzato. Non riesce ad interpretarlo come un tentativo di aiuto da parte dell'altro, lo decodifica come attacco e reagisce di conseguenza.

Quindi, se viene criticato, stravolgerà abilmente i fatti riuscendo a far passare per aggressiva l'altra persona. Confonde il fatto di esser corretto nei suoi confronti come una critica e per lui un eventuale confronto è un attacco alla sua identità e lo percepisce come incredibilmente irrispettoso.

2. Mancanza di autostima

Alcuni dei motivi per cui il narcisista è spesso intollerante alle critiche altrui sono strettamente connessi alla sua autostima. Essa, è molto carente e fragile e questo gli comporta il fatto di sentirsi continuamente danneggiato. Ergo, anche se crede sinceramente di essere superiore, è piuttosto semplice attaccare questa convinzione proprio perché, di base, non è supportata da una sana autostima. Anche la critica più innocua viene percepita in modo distorto e può ferirlo nel suo io più profondo.

Prova adesso a pensare all'autostima come a uno scudo che ognuno di noi ha e che separa il nostro nucleo più profondo e sensibile dal mondo esterno. Ecco, questo scudo, nel caso del narcisista, è fatto praticamente di cartapesta. È debole, quasi inadatto a proteggerlo.

Quando la nostra autostima è bassa, è molto facile che le critiche arrivino a ferire i nostri sentimenti. Qualsiasi cosa viene presa sul personale, ci si sente tagliati fuori da tutto per il solo fatto di esser stati criticati. Così, invece di fare affidamento sul nostro scudo, che dovrebbe appunto essere un'autostima coriacea, ed interpretare un'eventuale critica in modo chiaro e semplice, ci troviamo spesso in preda ad estrema vulnerabilità finendo per reagire in modo assolutamente distruttivo.

Al narcisista succede proprio questo. Lui cerca ininterrottamente di proteggersi attraverso i suoi comportamenti e le sue convinzioni di grandezza. È come se tentasse di mettere un bel vestito protettivo al suo scudo (la sua autostima) proprio come reazione diretta all'inconscia consapevolezza di esserne carente. Così, apparentemente, la sua fiducia per un po' si rafforza ma quando è chiamato ad uscire, comincia a rincorrere avidamente quel desiderio di convalida bramando continuamente attenzioni ed ammirazione come forma di anestetico per il suo ego. Ego che, come saprai, è profondamente ferito.

Di base, una sana autostima ci comunica che siamo persone di valore e meritevoli di rispetto. E ci ricorda continuamente che meritiamo di essere trattati secondo quei modi riconosciuti dalla maggior parte di noi come modi di decenza. Quando, invece, la nostra autostima è fragile e fortemente compromessa, non abbiamo ciò su cui fare affidamento. Sentiamo quindi quell'estremo bisogno di cercare sempre la convalida delle altre persone. Abbiamo bisogno di sentirci dire che siamo preziosi oppure utili. Così, quando questo accade, ci sentiamo un po' meglio e addormentiamo per un momento quella vocina interiore che ci tormenta continuamente. Questo, fino però ad una nuova ed improvvisa ondata di bassa autostima.

Il modo attraverso cui il narcisista si intrufola nella vita degli altri è proprio questo. Apparire esteriormente sicuro ed offensivo verso le altre persone, soprattutto poi quando le manipola, significa in un certo senso compensare la sua autostima ferita. Non riesce a vedere valore in sé stesso se non attraverso continue conferme da parte degli altri. Se non le ottiene, subentra il deficit empatico e comincia a ferire il prossimo.

Se ci pensi, in fondo, lui vuole solo sentirsi apprezzato e stimato. Questa è la migliore medicina per il suo ego ferito. Ciò, ovviamente, non dovrà assolutamente portarti a giustificare i suoi comportamenti. Ma potrebbe fornirti un po' più di aiuto per meglio comprendere i meccanismi che sono dietro alle sue azioni.

3. Reazioni colleriche

Così, quando il narcisista non ottiene il risultato desiderato si sente in qualche modo sfidato. La sua reazione più comune è la rabbia (può trattarsi anche di rabbia passiva). Comincerà quindi ad abusare degli altri, si scaglierà contro di loro ferendoli emotivamente e, in alcuni casi, anche fisicamente, e farà qualsiasi altra cosa lui riterrà necessaria per forzare la realtà nel suo paradigma.

Ricorda, i narcisisti non percepiscono la realtà così come è. Tutto intorno a loro viene distorto in idee e visioni che hanno senso solo per loro. Così giustificano i loro assurdi comportamenti! Perché in quella realtà, in un certo senso, hanno anche una logica.

Cercano di manipolare gli altri a vedere il mondo a modo loro perché questo è ciò che gli permette di continuare a vivere in modo delirante. Chiunque nega le loro illusioni si troverà davanti alla stessa ferocia di qualcuno a cui è stato appena detto che tutte le sue convinzioni sono fondamentalmente false. Pensa a qualcuno che ha appena appreso che suo figlio, in realtà, non è suo figlio. Probabilmente risponderà con estrema rabbia. I narcisisti reagiscono così! Qualsiasi confronto, qualsiasi "discussione" viene vissuta come una sfida e loro, di conseguenza, reagiscono con rabbia.

Diagnosticare il narcisista

Come si fa ad identificare un narcisista? Va premesso che una diagnosi può esser fatta solo da una persona esperta della materia e con titoli di studio idonei a certificare tale diagnosi. Quindi, tieni presente che tu potresti avere la percezione di esser in relazione con un soggetto narcisista, ed i miei libri vogliono proprio darti quanti più elementi possibili per arrivare a questo, ma non ne potrai mai avere l'assoluta certezza. Recentemente, con il diffondersi del fenomeno e delle informazioni ad esso relative, mi sono resa conto che si tende con troppa superficialità ad etichettare qualcuno come narcisista. Non tutte le persone che ci rifiutano sono narcisiste. Così come non lo sono tutte quelle persone che non rispondono ai nostri messaggi o che si chiudono in periodi di silenzio. Quindi, fai molta attenzione...

Torniamo a noi. Bene, dicevo che per avere un disturbo di personalità certificato, ovviamente, servono criteri diagnostici idonei ad identificarlo. Diagnosticarlo implica guardare ad una serie di tratti e tentare di identificarli nel presunto narcisista.

E per essere diagnosticato come tale, l'individuo deve mostrare almeno cinque dei nove sintomi o tratti predominanti del DNP. E questi tratti dovranno necessariamente essere PERVASIVI. Essendo pervasivi, significa che persistono, e che indipendentemente dal contesto, si concretizzano in tutti gli aspetti della vita.

Più esattamente si ripetono e si verificano sempre, in tutti i contesti. Sono parti intrinseche della personalità del soggetto e non sono la risposta a determinati segnali derivanti dall'ambiente circostante.

I nove tratti del DNP sono i seguenti:

1. Illusione di grandezza
2. Ossessione compulsiva per successo e potere

3. Credenze di unicità

4. Forte bisogno di attenzioni

5. Pretesa di esser continuamente ammirato

6. Tendenza a sfruttare e manipolare gli altri

7. Assenza di empatia

8. Senso di invidia

9. Arroganza e controllo

Vediamoli singolarmente

- **Illusione di grandezza**

Implica la convinzione che il narcisista sia migliore di chiunque altro.

Il narcisista vede sé stesso come la persona migliore del mondo e sente molto forte la necessità di apparire continuamente come migliore di quelli che lo circondano. Si rifiuta di riconoscere quando qualcun altro emerge o è migliore di lui. Si sente perfetto e non riconosce la possibilità di essere "colpito" attraverso mezzi legittimi.

Se qualcun altro vince, deve per forza aver imbrogliato

Usa questo tipo di illusione per giustificare il fatto che non è mai colpa sua. In quanto essere perfetto, non può sbagliare e lo ostenta continuamente.

- **Ossessione compulsiva per successo e potere**

Così come il narcisista crede di essere perfetto e superiore, crede anche di esser nel diritto di pretendere ed avere tutto quello che sogna.

Cosa sogna? Sogna il potere, sogna l'amore (per come lo intende lui), sogna il denaro, la perfezione e la superiorità e si sforza continuamente di raggiungerli con ogni mezzo a disposizione. Crede di meritarle a prescindere e si aspetta che arrivino. Quando queste fantasie non si concretizzano cade in depressione e comincia a desiderare il fallimento degli altri

- **Credenze di unicità**

Crede di essere unico e lo manifesta in ogni situazione. Usa queste credenze per screditare gli altri e se qualcuno non è d'accordo con lui lo svaluta considerandolo come un reietto che non comprende il suo "genio" spaziale. È incline al vittimizzarsi quando accade qualcosa di negativo e lo dimostra lamentandosi di tutto ciò che di tragico è accaduto nella sua vita anche se i racconti di determinati eventi risultano simili a quelli della gente comune e, pertanto, attesi. In sostanza è in una relazione narcisistica con il mondo intero.

- **Forte bisogno di attenzioni**

Il narcisista brama l'attenzione di tutti. Tieni bene a mente che questo bisogno è ciò che usa, pio o meno consciamente, per controllare il suo fragile ego. Soprattutto quando avverte di esser stato offeso o danneggiato in qualche modo, cercherà di fare tutto il necessario per rimanere sempre al centro dell'attenzione. Anche a costo di inscenare svenimenti o creare una qualche situazione drammatica.

Pretesa di esser continuamente ammirato

Il narcisista vuole tutto e desidera il meglio per averne poi un ritorno in termini di ammirazione. Ma lo vuole senza dare in cambio nulla o restituire molto poco. Crede di dover ottenere tutto ciò che desidera per il solo fatto di esistere. Così, aspetta sempre di vedersi consegnato tutto su di un piatto d'argento. Se, ad esempio, fa domanda per ottenere un lavoro, spera di ottenerlo facilmente anche se non è qualificato a farlo. Crede, altresì, di poter ottenere qualsiasi donna (o uomo) voglia perché si ritiene meritevole di un partner perfetto. Infine, coloro che lo circondano vengono da lui considerati solo come strumenti utili all'ottenimento di tutta questa serie di privilegi che lui considera appunto DOVUTI.

• Tendenza a sfruttare e manipolare gli altri

Quando quello che si sente di meritare non gli viene concesso, per ottenerlo, il narcisista ricorre alla manipolazione. Mentirà, farà la vittima, intimidirà, minaccerà e sfrutterà le altre persone se questo è tutto ciò che si frappone tra sé e quello che sta cercando di ottenere, sia esso una fornitura narcisistica, un lavoro od un partner. Lui vuole tutto e tenterà di ottenerlo con qualsiasi mezzo ed a qualsiasi costo.

- **Assenza di empatia**

Il narcisista non riesce a mettersi nei panni degli altri, in sostanza quindi non empatizza. Capisce benissimo gli effetti delle sue azioni sugli altri, sa come manipolarli in modo efficace ma non è in grado di relazionarsi con loro. Non sente il dolore, non sente le emozioni, è totalmente incapace di provare gioia quando guarda un bambino sorridere o vedere qualcun altro avere successo in qualcosa per cui ha lottato per mesi. Il narcisista conosce solo i suoi sentimenti neanche troppo bene, non li sa gestire e litiga spesso con loro.

- **Senso di invidia**

Il narcisista è risaputo essere un grandissimo osservatore. Osserva spesso altre persone, soprattutto quando hanno tutto ciò che lui vuole provandone una fortissima invidia. Tuttavia, di solito è in grado di manipolare la sua stessa invidia per lenire il suo ego dicendo a sé stesso che sono gli altri ad essere invidiosi di lui fino al punto di convincersi a crederci.

- **Arroganza e controllo**

A causa della sua convinzione di essere infallibile e superiore a tutti, spesso si presenta come arrogante ed orgoglioso. Non vede utilità nel rispettare i suoi "inferiori" e non spreca energia mentale nel farlo. Vive nell'eterna convinzione secondo la quale se le altre persone avessero voluto meritarsi il rispetto, avrebbero agito diversamente per esserne degni. Ovviamente, non considera il fatto che seppure avessero agito diversamente, a lui non sarebbe comunque bastato.

Identificare il narcisista

Quando si cerca di identificare un narcisista, il metodo più efficace è quello di cercare di individuare i tratti che abbiamo elencato in precedenza attraverso modi che coinvolgono parole, emozioni e comportamenti del soggetto presunto narcisista. Il metodo, nella pratica, è conosciuto come metodo WEB (Words, Emotions, Behaviors). In sostanza, prima si cerca di identificare le parole che usa, poi si fa caso alle emozioni che ci suscitano ed infine si presta attenzione alle sue pratiche e ai suoi comportamenti.

Andiamo nel dettaglio.

- **Concentrarsi sulle loro parole**

Quando si vuol capire se qualcuno in mezzo a voi è un possibile narcisista, si deve cominciare a prestare molta attenzione alle parole che usa ed al modo in cui le usa. È necessario comprendere come parla la persona. Generalmente, il narcisista lavora spesso agli estremi con solo una piccolissima zona grigia nel mezzo. Può essere o incredibilmente positivo oppure estremamente umiliante. Quindi, alle volte cercherà di sollevarvi per portarvi velocemente sulla luna, altre, sentirà il bisogno di abbattervi così a fondo da lasciarvi increduli, senza capire cosa improvvisamente gli sia preso.

Il narcisista è in eterna lotta con il regolare il proprio umore. E questo si vede molto chiaramente nelle sue parole e nel modo in cui le usa.

Schematizzando sarà:

1. **<u>Estremamente positivo</u>**. Parlerà di tutto in modo teatrale ed in termini di grandiosità. Potrà esprimere lodi nei tuoi confronti o costruire le proprie per rendersi più desiderabili ed agganciarti a lui.

2. **<u>Estremamente nocivo</u>**. In questa circostanza, userà parole per mantenerti nel suo recinto. Generalmente, lo fa per minare la tua autostima. Potranno essere parole dirette a te o ad altre persone con le quali siete in ottimi rapporti. Se quindi ti trovi nella circostanza in cui qualcuno ti parla in modo incredibilmente negativo

di qualcun altro, cerca di esser prudente. Se oggi lo fa con te, un domani potrebbe farlo a te ma con qualcun altro.

3. **<u>Disinteressato</u>**. Il narcisista può cambiare continuamente ed improvvisamente il proprio interlocutore e mostrare totale menefreghismo verso di te salvo quando eventuali preoccupazioni non lo riguardino in prima persona. In questa caratteristica, rientra la sua incredibile ambiguità. Potrà essere quindi **estremamente positivo** con te per un periodo di tempo per poi cominciare a fare il **disinteressato** senza alcun motivo valido. Cosa c'entrano le parole ti starai chiedendo? Bene, un fiume in piena in un primo momento, una fontana arida e secca dalla quale non esce nemmeno una goccia d'acqua immediatamente dopo.

4. **<u>Vittimizzato</u>**. Qui, userà parole per convincerti di esser lui la vittima della situazione. Potrai quindi ascoltarlo in teatrali sermoni con i quali ti renderà edotta su quanto il mondo sia stato ingiustamente cattivo con lui causando tutti i suoi fallimenti. E lo farà in modo estremamente convincente. Non è inusuale in questa circostanza il fatto di usare determinate parole di biasimo durante la discussione per capovolgere una situazione e passare dal ruolo di aggressore a quello di vittima incompresa.

Osservare le emozioni

Pur prestando molta attenzione alle parole che il narcisista sceglie per interagire, bisognerà badare anche alle proprie emozioni ed al proprio umore cercando di notare se fluttua, in che modo lo fa e perché lo fa.

Se ad esempio pensi che una eventuale nuova conoscenza sia troppo bella per essere vera, allora, evidentemente esiste una qualche ragione in particolare. Fidati quindi dell'istinto. Se attraversi spesso sbalzi d'umore estremi, passando dal sentirti come la persona più amata del mondo fino a sentirti peggio di uno straccio, allora c'è sicuramente qualcosa che non quadra. Partiamo da un assunto però, altrimenti rischio di confonderti le idee! Quando siamo nel bel mezzo di una nuova conoscenza, il nostro umore sarà sempre in qualche modo influenzato dal partner romantico. Però, la maggior parte dei partner non cerca intenzionalmente di manipolare i sentimenti dell'altro o di farli oscillare in modo così violento. Se quindi ti senti in ansia per una particolare persona e nutri qualche sospetto relativamente alla sua personalità, allora ascoltati e non fare finta di nulla. Quello che provi è sicuramente un segnale chiaro che c'è qualcosa di sbagliato in quella situazione e che, di conseguenza, dovresti fidarti del tuo istinto.

- **Osservare i suoi comportamenti**

Infine, fai attenzione ai modi attraverso i quali lui agisce. Spesso, infatti, i narcisisti dicono una cosa mentre fanno tutto il contrario. Potrebbero, ad esempio, dirti quanto ti amano fissandoti però in modo paradossalmente distratto oppure stringendoti in modo molto aggressivo e sicuramente poco passionale. Le loro parole non sono sempre in linea con i loro comportamenti e spesso le utilizzano a raffica per distrarre l'altro da ciò che stanno facendo.

Fai molta attenzione a quei comportamenti che dimostrano che quel determinato soggetto è pericoloso. Ti sembra collerico? Lo vedi come eccessivamente frustrato? Riesce a gestire il cambiamento? Questi sono tutti atteggiamenti e stati d'animo che indicano tendenze narcisistiche. Se inoltre ti sembra manipolatorio, noti che ignora volutamente altre persone oppure le incolpa mentre si vittimizza, allora ci sono buone probabilità sul fatto che potrebbe trattarsi di un narcisista.

Capitolo 3 – Manifestazione del narcisismo

Spesso, è più facile di quanto si pensi capire se qualcuno con cui siamo in relazione è un narcisista. Altre volte, invece, questo non è possibile. O meglio, è solo un po' più complicato. La manifestazione del disturbo narcisistico della personalità può variare da un individuo all'altro. Come ho già scritto in un altro libro, esistono diverse tipologie di narcisismo ed ognuna di esse è diversa dall'altra. Soprattutto nei modi in cui essa si manifesta.

I narcisisti overt, quelli tossici, prepotenti e psicopatici sono facilmente riconoscibili. Queste tipologie mostrano apertamente i loro tratti narcisistici. Non hanno assolutamente paura di manifestare le proprie emozioni (attenzione, manifestare, non gestire) e non si trattengono dall'agire anche se, quelli prepotenti, in un primo momento, potrebbero essere scambiati per bulli normali.

Dall'altra parte, ci sono i narcisisti covert e i narcisisti seduttori che sono difficilmente individuabili. Sono infatti piuttosto nascosti e realizzano i loro piani in modo estremamente calcolato. Quello che si può affermare con assoluta certezza, è il fatto che in tutte queste tipologie, i tratti predominanti e pervasivi, alla fine, sono gli stessi e le loro intenzioni sono molto simili.

Sebbene alcuni di loro possono sembrare amichevoli, di base c'è il fatto che i narcisisti mirano sempre al dominio ed al controllo. Credono di essere superiori e useranno ogni mezzo a loro disposizione per ottenere quello che vogliono.

Anche quelli che sono particolarmente inclini a sedurre, mostreranno fin da subito i segni delle loro intenzioni.

Fin dall'inizio, infatti, un narcisista cercherà di prendere il controllo pensieri e della mente altrui prendendo di mira le persone che vogliono controllare e quelle che ritengono essere le più vulnerabili.

Andiamo adesso nel concreto e vediamo come si manifesta questo disturbo della personalità.

Il narcisismo, fondamentalmente, si manifesta attraverso due modalità principali:

1. reazione emotiva
2. azione controllata

Vediamole

La **reazione emotiva** si riferisce al modo in cui una persona reagisce quando si trova in un particolare stato emotivo. Bene, i comportamenti narcisistici emergono molto rapidamente quando qualcuno è arrabbiato o triste. Quando gli individui narcisisti sono infastiditi, rispondono in modo estremamente abusante, sia verbalmente, che emotivamente, sessualmente o fisicamente. Questa è una cosa alla quale bisogna prestare particolare attenzione. Le azioni che qualcuno intraprende quando è arrabbiato o triste giocano un ruolo significativo e predominante nel definire la sua personalità.

L'**azione controllata** si riferisce invece a tutti quei comportamenti e quelle decisioni che una persona prende quando è in uno stato di calma. Prestare attenzione a tutte quelle attività, quelle parole e agli effetti che nel quotidiano emergono relativamente a qualcuno, può aiutarti a dedurre molto della sua personalità. I soggetti narcisisti, di solito, mostrano rabbia anche quando non sono stati offesi. Inoltre, nelle loro attività quotidiane, i narcisisti tendono ad essere perfezionisti mettendo spesso in relazione le loro attività con quelle di persone di successo. Le loro parole sono quasi sempre autoreferenziali e si legano molto velocemente a coloro che dimostrano di ammirarli mentre rifiutano coloro che li criticano anche se, spesso, questi ultimi possono rappresentare una sfida qualora offrano qualche piccola apertura.

Proverò adesso a darti un'altra prospettiva relativamente all'identificazione di un soggetto che soffre di DNP.

Non è facile riconoscere una persona narcisista se non si è particolarmente abili nel focalizzare l'attenzione prima di tutto su sé stessi. Ti potrà sembrare strano ma la capacità di individuare tratti narcisistici negli altri, inizia in primis proprio con la consapevolezza di sé. Difatti, prima di poter identificare le azioni e le emozioni di un narcisista, dovrai essere in grado di riconoscere i tuoi sentimenti. Questa particolare capacità nell'identificare e nel gestire le proprie emozioni e, dopo, quelle degli altri viene definita nel linguaggio tecnico **quoziente di intelligenza emotiva**. In psicologia, quando si parla di questo, ci si riferisce a persone che riescono a studiare e gestire i sentimenti di altre persone intese come individui con un alto quoziente di intelligenza emotiva. Difatti, gli individui con un alto quoziente non sono facili da manipolare. I narcisisti individuano e predano soggetti privi o con scarsa intelligenza emotiva perché questo tipo di individui sono più facili da gestire. Sono facilmente influenzabili nei loro principi ideologici e spesso si trovano a ricoprire il ruolo di "seguace" piuttosto che quello di "leader".

Se riuscirai a tenere bene a mente questi aspetti, se dimostrerai passione ed acume nel prestare attenzione a tutto ciò che ti circonda, allora il tuo radar emotivo sarà molto più efficiente. Potrai individuare particolari tratti narcisistici, che ripeto non saranno sufficienti a fare una diagnosi, perché quella potrà farla solo un esperto, osservando semplicemente le azioni quotidiane di qualcuno in particolare, prestando attenzione alle sue percezioni ed ai suoi desideri ed osservando il modo in cui esso percepisce gli altri e le sue eventuali reazioni emotive ai problemi, piccoli o grandi che siano.

I sei modi per riconoscere un narcisista

1. Sono molto reattivi alle critiche e a chi gli si oppone

Come accennato in precedenza, i narcisisti sono individui parecchio sensibili. Reagiscono in modo esplosivo relativamente a questioni che altri riescono a gestire tranquillamente.

Pertanto, se ti rendi conto che qualcuno è allergico alle critiche, al confronto o a qualsiasi altra cosa che, in un primo momento può sembrare negativa, dovresti cominciare ad osservare le sue azioni. È certamente un dato di fatto che solo poche persone, anzi probabilmente nessuna, riescano a gioire di un feedback negativo. Tuttavia, anche se alla maggior parte delle persone non piacciono le critiche, le reazioni dei narcisisti, quando esse si presentano, sono spesso esplosive ed oltre ogni limite di decenza.

Loro si percepiscono come perfetti e non accettano commenti o suggerimenti che possono indicare il contrario. Se, ad esempio, provi a fare ad un narcisista una domanda che può rivelare le sue debolezze, lui si affretterà a mentire per proteggersi.

Questo particolare comportamento, negli ambienti clinici è stato descritto come "il dilemma del narcisista". Il loro più grande problema, difatti, deriva da quell'eterno conflitto interiore e che è relativo al voler mostrare sempre la loro vera personalità ed accettare di essere deboli oppure indossare la maschera soffocando le loro debolezze. Si è ormai concordi nel ritenere che il motivo principale per cui la maggior parte dei narcisisti sta sempre sulla difensiva sia il fatto di dover continuamente nutrire quelle paure e quelle vulnerabilità che tutti hanno ma che loro non vogliono che le altre persone vedano. Loro hanno una bassa autostima, molto più bassa di quello che vogliono far credere al mondo e qui veniamo al secondo punto.

2. Problemi di autostima

A meno che tu non sia emotivamente intelligente, potresti non essere mai in grado di captare la loro bassa autostima. I narcisisti si sforzano continuamente di coprire la loro autostima con una personalità enfatizzata. Paradossalmente tendono a vantarsi principalmente di aree della vita in cui sono più carenti. Se ad esempio un narcisista è una persona a cui manca la ricchezza, tenderà ad associarsi a persone molto ricche perché nella loro mente si vergogna di essere povero. Non vuole essere associato alla povertà e quindi la copre vantandosi di avere soldi e cercando persone con i soldi. Collegherà tutto ciò che possiede alla sua presunta ricchezza e alla sua "classe". Affermerà di acquistare solo i prodotti di fascia più alta e penserà che nessun altro possa godere di un oggetto più prezioso del suo. Tutti questi comportamenti sono un chiaro segno della sua bassa autostima.

Nelle relazioni, diventerà violento e accuserà l'altro di mentire senza però averne alcuna prova. La maggior parte di loro sono paranoici, altra caratteristica strettamente correlata alla bassa autostima, e diventano violenti per questo, non perché vengono traditi.

Se un narcisista crede di non essere degno di avere qualcuno come compagno di vita, minaccerà e proverà a instillare paura nell'altro per timore di essere lasciato solo. E quando i narcisisti usano la paura, tentano di intimidire e cominciano ad abusare dell'altro, lo fanno solo ed esclusivamente per coprire la loro bassa autostima. Non sono rari i casi in cui, pur rifiutando questa condizione, cercano conforto, ovviamente a modo loro, in un amico o una persona a loro vicina.

La maggior parte dei narcisisti tenderà non solo a nascondere la bassa autostima ma anche a confondere la loro personalità. Molti di loro, non tutti, sviluppano personalità narcisistica a causa di eventi traumatici avvenuti durante l'infanzia. Rimangono in questa condizione per molto tempo e agiscono per difendere questa la loro natura. Non si vogliono esporre, tendono a rimanere nel loro invalicabile guscio.

Di solito hanno paura di affrontare i loro traumi infantili e di lasciar andare qualcosa che li trattiene in questa condizione.

Per essere in grado di individuare queste debolezze in una persona narcisista, dovrai essere molto attenta. Come detto, dovrai prestare attenzione ad ogni singola parola che dice e alla maggioranza delle azioni che compie. Di tanto in tanto, manifesteranno sentimenti di rimpianto e rimorso.

3. Sono ipocriti e stanno sempre sulla difensiva

I narcisisti hanno un bisogno infinito di difendere i loro comportamenti. Sono persone che commettono spesso errori, più o meno volontariamente, e trovano comunque sempre un modo per difendersi da quanto commesso. Non accettano critiche. Sono pretenziosi, esagerati, testardi ed auto-protettivi.

Ogni parola che esce dalle loro bocche è pronunciata a titolo difensivo. Anche quando sono in un gruppo, tendono a farsi da parte se il gruppo sbaglia. In caso di successo, invece, saranno pronti a prendersi la gloria. Non amano lavorare in team perché sentono che gli altri potrebbero non soddisfare i loro altissimi standard ma quando lo fanno, tendono a controllare gli altri causando alla fine dissapori e attriti all'interno del gruppo.

4. Sono amichevoli solo con coloro che li assecondano e con quelli che li temono

Non fanno amicizia con gli individui che sfidano le loro "condotte" di pensiero. Hanno un persistente bisogno di avere ragione, anche quando i conti non tornano. È interessante anche notare che prestano attenzione a qualsiasi cosa facciano per assicurarsi che sia fatta correttamente. Quando falliscono, manifestano rabbia e rancore. Sul luogo di lavoro, incolpano spesso gli altri per errori commessi da loro.

Non contemplano affatto l'idea di chiedere scusa e non useranno mai un "mi dispiace", neanche quando sbagliano palesemente nei confronti di altri.

5. Sono iracondi

La reazione dei narcisisti alle parole, alle opinioni ed alle azioni di altre persone è l'indizio più ovvio del loro narcisismo. I narcisisti sono conosciuti come individui altamente suscettibili a causa delle loro fragili personalità.

Si agitano e diventano nervosi per questioni che, per altri, vengono definite come "nessun problema". La loro rabbia muove da parole ed azioni che sembrano esser contrarie alle loro idee. Dobbiamo tener presente e se il caso ribadire che, spesso, i tratti dei disturbi della personalità possono esser comuni tra loro. Ad esempio, anche nelle personalità borderline, gli individui, che sono altrettanto sensibili, possono mostrare rabbia quando vengono portati su di un piano di confronto dove necessariamente si manifestano idee ed opinioni spesso contrarie. Ma, tornando ai narcisisti, la loro rabbia deriva dal fatto che un eventuale confronto può farli apparire deboli impedendogli di raggiungere il loro obiettivo. In questi casi, la maggior parte dei narcisisti reagirà in modo collerico, cercando di nascondere le proprie debolezze ed apparire dominante.

Uno dei modi più semplici per riconoscere un narcisista è quello di frustrare continuamente le sue azioni e le sue convinzioni. All'inizio sono solitamente pazienti ma se testati continuamente con argomentazioni in opposizione al loro modo di fare, s'innervosiscono velocemente ed iniziano a mostrare rabbia.

6. Proiettano qualità, tratti e personalità che non possiedono

Nella maggior parte dei casi, i narcisisti mostrano qualità che non fanno parte della loro personalità. Credono che comportandosi continuamente in modo gentile o amorevole, riusciranno a nascondere la loro vera natura agli altri. La maggior parte di loro non si accetta. Per questo si associano a leader carismatici e sono sempre alla ricerca individui che hanno successo. La loro identità è nascosta e custodita gelosamente nel loro intimo più profondo. Se comincerete ad esser curiosi e a sviluppare l'intelligenza emotiva, potrete imparare a notare rapidamente che si mostrano per qualcosa che in realtà non sono.

Quando scelgono qualcuno, non lo fanno a caso. Generalmente saranno persone che li aiuteranno a svalutare e denigrare gli altri. Si concentreranno sui loro difetti ed enfatizzeranno gli errori in modo che nessuno abbia il tempo di concentrarsi su di loro. Essi credono che sottolineando le debolezze di altre persone, si distingueranno come migliori di loro. Arrivano velocemente al giudizio e trovano sempre il modo di ottenere qualcosa da tutti quelli che li circondano. Spesso provocano reazioni concentrando tutta l'energia negativa sugli altri in quell'eterno tentativo di voler proteggere la loro contorta personalità.

Comprendere la personalità di un narcisista non è facile, bisogna conoscere almeno un po' questo disturbo e, in un certo senso, appassionarsene. Lo so, sembra paradossale!

Sono molto bravi a nascondere la loro vera identità. A volte, possono usare la manipolazione mentre altre volte useranno la forza. Rimane il fatto che esserne catturati non è, come avrai capito, una cosa positiva.

La maggior parte di loro, di solito, comincia con la manipolazione mentale. Se scoprono che la vittima è facilmente catturabile, manterranno gli altri sintomi nascosti. Tuttavia, se si rendono conto che l'altro è più emotivamente intelligente di quanto pensassero, allora potrebbero anche cominciare con l'abuso emotivo per poi arrivare, per fortuna in casi molto rari, all'abuso fisico.

Cerca pertanto di proteggerti da ogni forma di abuso narcisistico e da ogni forma di abuso in genere. Se permetterai a qualcuno di abusare di te, alla lunga potresti diventare vittima di **brain washing** perdendo la capacità di prendere decisioni e fare le giuste scelte. Tieni altresì presente che le vittime di abusi narcisistici impiegano anni a riprendersi. A volte, non si riprendono mai completamente. Sarà quindi tua responsabilità proteggerti da tali individui ed essere costante nel farlo. Cerca quindi di individuare subito i segnali e allontanati da loro senza aspettare di avere la certezza che la persona che stai frequentando sia effettivamente un narcisista. Potrebbe essere troppo tardi.

Il linguaggio segreto di narcisisti, psicopatici e sociopatici

Il solo ed unico modo per proteggersi dai narcisisti, e prevenire quindi di rimanere imbrigliati in una relazione, è imparare ad interpretare il loro linguaggio.

Secondo le più recenti statistiche, negli Stati Uniti 1 persona su 25 presenta sintomi di narcisismo, psicopatia o sociopatia. E la percentuale nel resto del mondo è più o meno la stessa.

Il modo attraverso cui essi comunicano è il medesimo sia per i narcisisti che per i sociopatici e gli psicopatici.

La caratteristica più facilmente individuabile in un narcisista è l'egoismo e condividono questo tratto sia con i sociopatici che con gli psicopatici. Secondo Martha Stout, psicologa americana della Harvard Medical School, gli individui che manifestano tratti di DNP comunicano attraverso quello che lei definisce **crazy-making** ma che tradurre in italiano renderebbe poco l'idea. In sostanza si tratta di un linguaggio e di un modo di esprimersi caratterizzato da parole forti, atteggiamento teatrale, invidia patologica e gaslighting e che segue metodicamente uno schema ben preciso definito come ciclo narcisistico. Ora, per riuscire a captare la loro natura, è necessario approfondire e capire bene questo "ciclo" per determinare che la persona che abbiamo davanti sia in realtà un fake.

Come saprai, in un primo momento, essi sanno essere tremendamente affascinanti e seducenti. Possono essere attraenti, divertenti ed anche molto romantici inizialmente. Possono addirittura spingere nell'incoraggiarti a fare ciò che è giusto per te. Nello sviluppare un'amicizia, sembrano innocui e catturano l'attenzione e la fiducia altrui facendo credere di avere a cuore gli interessi dell'altro. Ma questa è solo una maschera.

In questa fase, è facile per chiunque cadere nella loro trappola. Ma sappi che, se li si impara a leggere, i segnali del loro disturbo possono emergere fin dall'inizio.

Se, ad esempio, ti rendi conto che una persona usa i tuoi successi per glorificare sé stessa,ti consiglio di cominciare ad addrizzare le antenne. Loro, hanno sempre un movente personale nascosto dietro a TUTTE le azioni che compiono e sono molto possessivi.

Anche il linguaggio dei sociopatici e degli psicopatici è una manipolazione cronica. Proprio come i narcisisti, gli psicopatici e i sociopatici prima intrappolano le loro vittime e poi cominciano ad abusarne. Le catturano usando tecniche di manipolazione e lavaggio del cervello ma mentre i narcisisti e i sociopatici usano l'abuso emotivo per svalutare un individuo, assicurandosi che si senta inutile e sia disposto ad eseguire le loro volontà senza fare domande, gli psicopatici sono molto più inclini alla violenza fisica. Diciamo che nel suo grado più estremo, un narcisista può arrivare a commettere atti di violenza fisica. Uno psicopatico ce lo ha nel DNA.

Le vittime di personalità narcisistiche sono di solito intrappolate in un perenne stato di ansia, paura ed inutilità. In alcuni casi, l'esperienza è talmente forte e prolungata che può causare anche pensieri suicidi. Questo perché nella maggior parte dei casi una persona narcisista tende a reificare (rendere un oggetto) la propria vittima trasformandola in un burattino da controllare come vuole solo per soddisfare le sue pulsioni egoiche a titolo di mera auto-gratificazione.

Il motivo principale per cui l'abuso narcisistico è così pericoloso risiede nel fatto che il soggetto abusante agisce costantemente sull'emotività dell'altra persona. Nella psicologia umana si è riconosciuto che gli individui hanno lo stesso circuito cerebrale sia per il dolore fisico che per quello emotivo. In altre parole, se prendi un pugno sul viso o vieni insultata in modo verbalmente violento, l'impatto sul tuo cervello sarà identico.

Una persona che subisce quotidianamente abusi verbali potrebbe subire lesioni emotive molto profonde che andranno ad invalidare il suo futuro in modo piuttosto serio. Non solo! Più tali abusi saranno perpetrati nel tempo, più il processo di recupero sarà lungo e doloroso. Queste cicatrici emotive sono molto difficili da cancellare e la maggior parte delle vittime di abusi narcisistici finisce quasi sempre per soffrire di DPTS (disordine post-traumatico da stress).

Imparare a capire il loro linguaggio ti aiuterà quindi a proteggerti dai loro schemi. Ciò che voglio sforzarmi di farti capire è che la crudeltà narcisistica non è esplicita ma bensì implicita. Le loro azioni, il loro famelico desiderio di ferire sono così profondamente radicate nella loro psiche che diventa quasi un'esigenza, un bisogno primario da soddisfare. In sostanza è la loro natura.

Tutto ciò che fanno, dalle espressioni facciali ai gesti, dalle parole che dicono ai toni con i quali le dicono rappresentano un disallineamento del loro ego. La loro crudeltà è intenzionale e le loro reazioni al male non suscitano mai rimorso. Se ti capita, o ti è capitato, di vederli soffrire per ciò che hanno commesso, sappi che stanno mentendo o ti hanno mentito. Nella maggior parte dei casi, infatti, questo tipo di espressioni di sofferenza e colpa fanno parte di quel loro linguaggio appositamente elaborato per mantenere la vittima all'interno della loro rete.

Dispongono di una molteplicità di strumenti verbali. E sono tutti progettati per infliggere dolore e contemporaneamente lenirlo quando questo sarà necessario, e creati per disintegrare l'autostima della vittima e pompare il proprio ego.

Utilizzano il sarcasmo, gli insulti, l'ironia, le accuse, il silenzio e quella sprezzante mimica sadica che buttano nel loro gigantesco calderone per tirare fuori le loro diaboliche pozioni con le quali sottometterti e manipolarti. Ogni tentativo di sfidare la loro zona di comfort tirerà fuori il loro peggio.

Vediamo adesso quali sono gli elementi principali che ti aiuteranno a capire il loro linguaggio:

Mancanza di empatia

Se sei in una relazione lavorativa, romantica o amicale con qualcuno che manca di empatia è necessario iniziare a riflettere con molta attenzione. All'inizio, come abbiamo già detto, essi possono mostrare preoccupazione verso di voi, possono sembrare eccessivamente disponibili fino addirittura a rivelarsi utili e servizievoli. Tuttavia, ciò a cui dovrai prestare molta attenzione, l'indizio principe che in un certo senso certifica una determinata sensazione, sta nel modo in cui i narcisisti trattano le altre persone.

Analizzando l'aspetto romantico di una relazione, devo purtroppo dirti che l'indicatore supremo in questo senso, è molto difficile da individuare. Questo perché la maggior parte di loro non è incline a portare il proprio partner all'interno dell'ambiente familiare. Nei casi in cui questo succede la relazione è ormai già troppo avanti.

Di fatto, prestare attenzione a come lui interagisce con i membri della sua famiglia ti assicurerebbe un elemento di prova molto rilevante. In ambito familiare, la maggior parte degli individui narcisisti non hanno buoni rapporti con gli altri membri della famiglia. Di conseguenza la loro personalità emerge in modo estremamente manifesto. Stargli vicino in queste circostanze potrebbe svelarti il suo vero carattere. Quando, ad esempio, lui è arrabbiato, con te potrebbe fingere ma in presenza di un fratello o di un genitore potrebbe invece facilmente scoppiare in atteggiamenti di violenza verbale e rabbia piuttosto seri.

Egoismo

L'egoismo è parte dominante del linguaggio che domina la vita dei narcisisti. Anche relativamente a questo, durante le prime fasi, possono fingere di darti tutto quello di cui hai bisogno ma per capire se si tratta di una trappola o meno, guardare i loro comportamenti verso le altre persone può costituire un buon metro di giudizio. È proprio quando hanno a che fare con gli altri che la loro personalità emerge in modo molto marcato. Quando si è innamorati di qualcuno, si può essere molto gentili e disponibili. Tuttavia, nei narcisisti, questa particolarità svanisce lentamente man mano che la relazione si stabilizza.

Pensaci, che bisogno hai di mostrarti gentile e servizievole se di natura non lo sei? Semplice, te lo dico io: hai bisogno di manipolare.

Riservatezza

Gli individui narcisisti sono molto sensibili e riservati. Quando provi a fargli domande personali con l'intenzione di cercare prove relativamente a qualcosa, si mettono rapidamente sulla difensiva. Si nutrono di bugie. Pertanto, continuare a spingere per conoscere la verità sul loro passato, voler avere notizie relativamente a relazioni precedenti, alla loro vita familiare e così via potrebbe essere una buona strategia per raccogliere qualche indizio in più sulla loro eventuale condizione. Capisco che una cosa del genere è un po' da agente dell'FBI sotto copertura e non ti sto dicendo di vestirti da Clarice Starling (Il Silenzio degli Innocenti, se non l'hai visto rimedia subito) e cominciare ad indagare sulla sua vita ma, se proprio hai intenzione di fare qualcosa che si avvicini a questo tipo di indagine, cerca di farlo nelle prime fasi del rapporto, prima che lui prenda completamente il controllo della tua mente. Insomma, non è che devi andare agli appuntamenti con lo spolverino grigio scuro, il bavero tirato su, gli occhiali da sole scuri e la pistola dietro i pantaloni...però, FATTI FURBA.

Perché attrai i narcisisti?

Abbiamo già detto che le vittime di abusi narcisistici spesso finiscono per soffrire di disturbo post-traumatico da stresso o sindrome da abuso narcisistico. Ora, sappiamo che è ancora un grande mistero per molti medici determinare quanto gli effetti di un eventuale abuso narcisistico possano invalidare una persona. Tuttavia, un fattore che è parecchio evidente è che le vittime di questi abusi finiscono sempre con l'incolpare se stesse.

Partiamo però da un presupposto fondamentale: una persona che diventa vittima di abusi narcisistici non è da biasimare. Nella maggior parte dei casi, queste persone sono innocenti. L'unica colpa che si può loro attribuire, se di colpa possiamo parlare, e che si fidano facilmente delle persone con cui interagiscono. Di solito, non vedono mai il male negli altri, si aprono a libro troppo frettolosamente e danno fiducia piuttosto facilmente.

Se volessimo tracciare un profilo relativamente alle persone che cadono vittime dei narcisisti, possiamo sicuramente affermare che si tratta di individui che hanno abbracciato una vita fatta di libertà e che non si impongono restrizioni. Sono persone spensierate che non si preoccupano più di tanto di ciò che il mondo ha da dire. Sono sempre pronte a godersi la vita e a divertirsi ed azzardano parecchio nelle relazioni sociali concedendo possibilità a tutti più e più volte, anche quando i conti non tornano.

Di fatto, nessuno attrae individui narcisisti. È il narcisista che individua una persona "particolare" idealizzandola come vittima. Il fatto che un narcisista ti prenda di mira non significa assolutamente che tu sia in qualche modo debole anzi, rimarrai stupita per quello che ti sto per dire ma lui ti percepisce come "numero uno". Proprio così amica mia, i soggetti narcisisti tendono a legarsi a persone considerate "speciali" e che in effetti lo sono.

Generalmente cercano vittime vulnerabili e indifese anche se potenzialmente sono in grado di manipolare chiunque. Le loro strategie sono talmente ingegnose, subdole e sottili che possono imbrigliare chiunque.

Il loro primo step, dopo la fase di love bombing consiste nel tentativo di alienare la vittima dalle persone a lei più vicine. E lo fanno per assicurarsi che la vittima non abbia nessun altro nella vita a cui chiedere aiuto. Fatto questo, isolata la vittima, cominciano con l'abuso vero e proprio.

Esistono tre ragioni principali per cui un narcisista può essere particolarmente attratto da un individuo. Queste sono:

1. Auto-esaltazione

Ai narcisisti piace da matti mostrare la loro superiorità sugli altri. Amano dimostrare di essere i migliori e di meritare il meglio dalla vita. Così, quando un narcisista individua una persona che può aiutarlo a raggiungere questo status allora ne sarà particolarmente attratto.

Per farti un esempio, potresti avere un amico/a cui piace frequentarti solo perché la tua presenza eleva il suo status sociale. Loro cercano sempre qualcuno che li metta ad un livello superiore. Sfortunatamente però, una volta creato il rapporto con la persona che desiderano, saranno in grado di mantenerlo solo attraverso l'abuso.

Possono esser attratti da una ragazza particolarmente bella o da un uomo molto affasciante. Attireranno la vittima usando la seduzione e quando la persona sarà ormai imbrigliata nella loro rete, cercheranno di mantenerla bloccata usando l'abuso, il ricatto e le minacce.

Non sono in grado di mantenere relazioni perché la loro vera personalità è trattenuta nel loro "io" più profondo e la finzione iniziale si trasforma presto in manipolazione che è l'unico strumento che conoscono per almeno tentare di mantenere il rapporto più a lungo possibile.

Cercheranno di assicurarsi che la vittima non fugga per continuare a godere dei benefici, di qualsiasi tipo, che essa offre e quando non riescono a mantenere "stabile" la relazione attraverso i consueti standard sociali, cominceranno ad abusarne molto più marcatamente.

2. Percezione di debolezza nell'altro

Quando il narcisista percepisce l'altro come debole, potrebbe cercare di sfruttarlo per raggiungere determinati obiettivi. I narcisisti prendono di mira le persone che considerano più vulnerabili per infliggere dolore e per auto-gratificarsi. Preferiscono gente che li lodi e ne parli bene in pubblico e prenderanno di mira coloro che dimostreranno una particolare attitudine nel poter esser facilmente manipolati e diventare burattini personali.

3. Idoneità ad assicurare vantaggi materiali

Possono prendere di mira chiunque pensino abbia qualcosa che loro vogliono cercando di ottenerla attraverso una manipolazione più o meno violenta od atti di bullismo. Possono pertanto tentare di ottenere denaro o qualsiasi altro bene materiale da qualcuno senza usare la forza e cominciando con la manipolazione ma alla fine possono diventare violenti.

Non si preoccuperanno affatto di danneggiare materialmente gli altri.

Potrebbero arrivare a prosciugare finanziariamente qualcuno fino all'ultimo centesimo per poi gettarlo via come uno straccio. Usano spesso l'amore per attirare le vittime nella trappola cercando individui disperati ed una volta conquistati li metteranno alle strette.

4. Possedere talenti

Di solito sono ossessionati dalla fama, dal denaro e dai titoli. Così, potranno colpire qualcuno che gode di posizioni di privilegio per far avanzare le loro intenzioni.

In molti casi, lo scopo è fondamentalmente legato all'auto-gratificazione. Si legano a persone di un certo livello e status sociale solo per dimostrare a sé stessi di esser degni di poter godere di una certa superiorità.

Capitolo 4 – La vulnerabilità del narcisista

Caliamoci adesso un momento nel ruolo di terapeuti per cercar di capire meglio quale potrebbe essere la strada per destrutturare l'ego del narcisista e tracciare qualche schema comportamentale. Voglio scrivere questo capitolo perché in molti spesso mi chiedono come fare per poter gestire un narcisista. Come saprai, il consiglio, per quel che mi riguarda, è sempre lo stesso, lasciarlo andare. Tuttavia, qualche schema di contro-manipolazione, almeno proposto nell'intento non di salvare la relazione ma di gestirla nel modo più indolore possibile, può esser concesso. Stai attenta però, non ti aspettare mai nulla in cambio da loro. Non te lo daranno!

Bene, cominciamo! Ogni volta che qualcuno che è ignaro della materia sente pronunciare la parola "narcisista", è portato a pensare che questa parola identifichi una persona autorevole e competente. Questo è sicuramente il modo in cui loro vogliono che gli altri li percepiscano.

Ora, anche se apparentemente mostrano una forte personalità, i narcisisti non sono persone centrate con un ego risolto. Il modo in cui si comportano verso gli altri e l'immagine che proiettano serve principalmente a gratificare la loro autostima.

Non accettando di aver bisogno di aiuto non saranno mai disposti a cambiare.

Contrariamente al sentimento popolare, per assurdo, i narcisisti avrebbero anche le capacità per poter cambiare. Non è mai troppo tardi o troppo difficile prendere una direzione diversa nella propria vita finché si è disposti a farlo. E questo vale un po' per tutti. Ma per migliorare nei loro comportamenti dovrebbero in primo luogo ammettere di aver preso una direzione errata nella loro vita ed educare la loro mente a nuovi comportamenti. Purtroppo, l'aspetto cruciale del narcisismo è che coloro che soffrono di questo disturbo mancano di questa attenzione.

Qual è quindi la loro principale vulnerabilità? La loro principale vulnerabilità va ricercata ed individuata in quella particolare capacità di riuscire ad amare sé stessi solo in base a come gli altri li vedono. Gli vengono rimandate di riflesso immagini di ammirazione, attenzione, affetto, disponibilità ecc.? Allora si ameranno e si piaceranno. Succederà il contrario? Cadranno in depressione e si sentiranno inutili.

Hanno una fottuta paura di guardarsi nel profondo perché sanno bene che la verità potrebbe travolgerli. Sono emotivamente morti dentro e vivono solo ed esclusivamente per la realizzazione e la convalida degli altri. Tutto questo, se decontestualizzato, non sarebbe neanche un male. Il fatto è che, purtroppo, però, non sono in grado di ricambiare l'amore che ricevono a coloro che glielo donano.

Se senti di essere una vittima in questo tipo di vita, ti sarà anche facile notare di vivere una specie di guerra nella quale devi necessariamente combattere per preservare la tua sanità mentale.

Un partner tossico usa nei tuoi confronti particolari forme di comunicazione. Ma a causa della sua incapacità nel voler accettare di avere un problema e di essere aperto ad un eventuale cambiamento, in primo luogo potresti cominciare ad imparare tu a riconoscere le sue vulnerabilità per capire come gestirlo. Attenzione, ripeto, non ti sto dando il lasciapassare per continuare la relazione con lui. Ti sto semplicemente dicendo che, per iniziare, potresti cominciare a gestirlo facendo leva sulle sue debolezze. Avendo, infatti, una natura fragile ed egoista che li rende estremamente vulnerabili, sono spaventati da molte cose.

Ti darò ora qualche spunto di contro-manipolazione per sensibilizzarti sulle loro vulnerabilità e capire da dove cominciare il tuo percorso di liberazione. Mi raccomando, come ho scritto poco sopra, comincia a prestare attenzione al loro linguaggio e regolati di conseguenza.

Far leva sulla loro ipocondria

Chi è ipocondriaco si trova in una condizione di eccessiva ansia relativamente alla sua salute.

A causa delle loro continue insicurezze, i narcisisti sono spesso preoccupati per la loro salute ed il loro benessere. Per questo, a loro non piace che qualcuno cerchi di buttarli giù a causa de loro aspetto esteriore. E saranno anche eventualmente disposti ad esplorare eventuali opzioni, come un buon esercizio fisico e abitudini alimentari sane, se questo servisse a migliorare il loro benessere fisico ed il loro aspetto.

Pertanto, se sei in relazione con un narcisista, potrebbe essere tuo compito fornirgli dettagli su come possa trascorrere le proprie giornate per evitare di perdere il suo benessere, senza necessariamente dover sottolineare, altrimenti entreresti nell'ennesimo conflitto, che ha cattive condizioni di salute. Cerca di indirizzarlo ad attività che siano idonee a mantenerlo impegnato in modo da poterti assicurare di organizzare il tuo tempo da sola.

Fare domande retoriche per farli pensare

In questo caso, potresti provare a chiedergli come si sente quando pensa a cosa gli altri pensano di lui.

È ben noto ormai che i narcisisti non si sentono mai in colpa. Però, fidati, si vergognano di brutto nel riflettere su ciò che gli altri dicono di loro. Sono preoccupati dalle apparenze e non vogliono in alcun modo che il loro vero "io" emerga in superficie e venga visto dagli altri.

Se crederanno che qualcosa possa danneggiare la loro reputazione, i narcisisti smetteranno di pensarci. Quindi, il trucco non è dire loro direttamente come le altre persone potrebbero reagire ai loro comportamenti! Bensì porgli domande retoriche instillandogli dubbi e lasciando che la loro mente metabolizzi idee relative ad eventuali reazioni di altre persone ai loro comportamenti. La differenza è molto sottile ma capendone il meccanismo e ripetendola nella pratica, potresti aprire una breccia. Ti dico questo perché la tecnica viene spesso utilizzata in sedute di psicoterapia. Si tratta, molto in sintesi, di tentare di allenare il loro muscolo empatico.

Tutto quello che loro desiderano è proiettare una bella immagine nei confronti degli altri. Pertanto, invece di reagire nei suoi confronti con rabbia, cerca di fare indirettamente leva su come gli altri lo percepiscono. Così, mentre lui sarà occupato a concentrarsi sul salvaguardare la propria immagine se ne starà bello tranquillo e tu potrai sfruttare queste occasioni per pensare a te.

Ricorda, i narcisisti rappresentano l'altra faccia della dipendenza affettiva. Le loro emozioni saranno SEMPRE determinate da ciò che gli altri pensano di loro. Partendo da questa consapevolezza, potrai cominciare a farlo parlare (non è facile eh) per far emergere le convinzioni che lui ha relativamente a ciò che gli altri pensano e coinvolgerti nell'affrontare le debolezze che lui percepisce (ti avviso, è potenzialmente un golgota ma per farti capire il loro linguaggio è necessario scriverlo).

Come vedi, di base si presuppone sempre un certo tipo di dialogo, il punto è che con loro questo è molto difficile per via della profonda chiusura che hanno nell'imparare a mostrarsi per quello che in realtà sono.

Capire cosa vogliono ottenere e farli lavorare duramente per ottenerlo

Da un narcisista non ti potrai mai aspettare equilibrio nella relazione. È troppo concentrato su sé stesso e crede di aver diritto di ottenere ciò che vuole proprio quando lo vuole. Di conseguenza sarà cosa buona e giusta procedere sempre con cautela nei suoi confronti. Averlo vicino è come avere dentro casa un leone. Un bel giorno ti sbranerà viva.

Inoltre, ricordati che con lui non sarai mai in una situazione win-win. Generalmente, in una relazione, qualche compromesso lo si deve accettare. E spesso lo si fa per il bene comune. Con i narcisisti non è così, riescono a plasmare qualsiasi rapporto in modo che il vantaggio sia sempre loro e mai tuo. Pertanto, cerca di non essere negativa e, se proprio devi, chiedi favori direttamente. Mostragli che l'unico modo in cui lui può ottenere quello che vuole è quello di fare una cosa particolare, non lasciargli mai campo libero. Gratificalo quando la fa ed anche quando magari ti aiuta in qualcosa che potresti fare tranquillamente da sola fallo sentire importante.

Tieni sempre bene a mente che un narcisista teme l'abbandono, è il suo punto debole. Essere abbandonato da qualcuno che lui ha identificato come "bersaglio" da poter modellare per ricevere quello di cui ha bisogno non lo farebbe reagire bene.

Lusingarlo potrebbe andar bene ma senza mai sembrare troppo disperata.

Le parole, se utilizzate in una certa maniera, potrebbero addomesticarlo.

Ascoltare

Ora, avrai ormai appreso che quando hai a che fare con un narcisista sei e sarai sempre in una posizione meno dominante, lui si comporterà quasi sempre come un capo per te. Tuttavia, esiste un segreto. I narcisisti, di base, vogliono sempre sentirsi adorati e ammirati. Pertanto, dovrai apparire come interessata a tutto ciò che vogliono e darglielo. Vuole esser adorato? Bene, allora usa parole per dirgli che lui è il migliore del mondo. Se ci pensi, questo non richiede molto sforzo. Tutto ciò su cui dovrai concentrarti è ascoltare e apparire molto interessata.

Se cominci a mettere in discussione i suoi comportamenti, ti disprezzerà e potrebbe persino arrivare a farti del male. Inoltre, se lo rifiuterai apertamente potrebbe anche andare fuori di testa. Se invece mostrerai eccessiva debolezza lui comincerà a vittimizzarti. Pertanto, dovrai essere intelligente e sapere bene come giocare con le tue parole in modo da non enfatizzare troppo i suoi errori oppure fare la vittima. Cerca magari di mantenere alto il tuo umorismo, ridi delle sue battute e cerca di rispondere in modi che lui possa trovare divertenti.

Data la loro natura estremamente vendicativa, scommetto adesso che ti sembrerà ingiusto essere sincera con un narcisista. Amica mia, è una questione di integrità. Nel caso in cui la tua integrità non viene eccessivamente compromessa, sentiti libera di complimentarti con lui anche più di quanto effettivamente meriti.

Fidati, entrarci in conflitto non conviene mai. È molto meglio prevenire la loro profonda rabbia sedandola con continui riconoscimenti. È tutto ciò che gli è mancato quando erano piccoli, si sono sentiti inutile e indegni. E questo li ha profondamente feriti (ferita narcisistica). Loro sono molto sensibili al fatto di esser serviti e riveriti. Se lo adulerai nutrirai il suo ego. Questo ti darà un enorme vantaggio strategico.

Non cercare MAI il suo riconoscimento per avergli fatto un favore od esserti comportata bene con lui. Ricorda, i narcisisti, temono il fatto di concedere gratitudine, per loro significa cedere controllo e lo percepiscono come un segno di debolezza sentendosi in difetto. Odiano "cercare" ed apparire come bisognosi di aiuto. Pertanto, nonostante tu decidessi di "esserci" in molte circostanze, non permettergli mai di sentirsi in obbligo di apprezzarti.

Ora che ti ho svelato qualche forma di contro-manipolazione, che ribadisco non essere risolutiva ma solo propedeutica al tuo cambiamento, capisci perché è così difficile essere in relazione con loro? Non esiste al mondo rapporto sano in cui i ruoli siano così disequilibrati. Per assurdo, con un narcisista potresti andare d'accordo solo ed esclusivamente assecondandolo in tutto e per tutto. Nel momento in cui cominci a "pretendere", ed è anche normale in una relazione, loro cominciano a scalpitare.

Nel complesso, però, ricorda che potrai avere in mano un enorme potere se imparerai a riconoscere come i narcisisti reagiscono a determinati input, cosa eleva il loro status e cosa ferisce il loro ego. Questo ti aiuterà ad essere una persona emotivamente più intelligente e ad acquisire un vantaggio strategico su di loro. Così, non potranno usarti. E tu riuscirai a "sopportarli" fin quando non arriverai ad essere completamente distaccata da loro.

Il tuo tallone di Achille è l'attaccamento emotivo, niente altro che questo.

Capitolo 5 – La preda

Una cosa che ormai sembra abbastanza comune, è il fatto che alcune persone sembra abbiano qualcosa di molto particolare in loro che attrae facilmente i narcisisti. Purtroppo, molte di loro non capiscono perché incappano sempre in persone abusanti e generalmente, la risposta deve esser ricercata nella loro personalità.

Partiamo da un presupposto, la metà dei tratti caratteriali di questi soggetti sono tratti estremamente belli ed abbastanza "vantaggiosi" sia per loro stessi che per le persone che gli sono intorno. Pertanto, sono potenzialmente molto inclini ad esser sfruttati, in particolar modo da personalità narcisistiche e soprattutto quando, ai tratti sopra menzionati, si unisce una bassa autostima ed un'idea errata su cosa dovrebbe essere una relazione.

Andando più nel dettaglio, possiamo asserire che esistono 6 tratti che sono molto appetibili per le personalità narcisistiche. Più ne possiedi, più loro sentiranno l'odore del sangue che sgorga dalle tue ferite narcisistiche. Ovviamente, la vittima prediletta per loro, è qualcuno che potenzialmente sia in grado di racchiudere in un piccolo scrigno luccicante e bello pulito tutti e 6 questi tratti.

Ma sii fiduciosa (è ironico eh), si accontentano anche di qualcosa in meno.

Ora, mi raccomando, prenditi il tempo di cui hai bisogno e comincia a familiarizzare con ciò che scriverò qui di seguito. Ti indicherò nello specifico questi tratti. Lo scopo è quello di farti capire meglio se dentro di te albergano tratti caratteriali in grado di renderti un ottimo bersaglio per questi vampiri emotivi.

Tratto emotivo della badante

Questo tipo di personalità è un misto tra l'esser fortemente focalizzato sulla cura degli altri e uno stile di vita da co-dipendente.

Una "badante" (non pensare alla donna delle pulizie, cerca di capirmi) è una persona che ha una fortissima attitudine a prendersi cura degli altri piuttosto che di sé stessa.

Se senti di appartenere a questa categoria, probabilmente sei in sintonia proprio con tutto ciò di cui il narcisista ha bisogno e hai una certa familiarità con quella spiccata attitudine a metterti sempre per ultima per prenderti cura degli altri. La tua buona natura, la volontà ed il desiderio di aiutare gli altri a vivere una vita più confortevole, possono attrarre chi vuole approfittare di te. Ed il narcisista non fa eccezione.

La "badante" è probabilmente molto compassionevole verso le persone e vuole aiutare gli altri a porre fine alla loro sofferenza. È abbastanza probabile, perché soggetto tendenzialmente idoneo, che possa cadere nella co-dipendenza quando la sua autostima viene attaccata e, di conseguenza, non avendo rispetto per sé stessa potrebbe finire nel vortice della manipolazione e sentirsi degna solo se attivamente occupata ad aiutare il narcisista o se si sta sacrificando per lui.

Per fare un esempio relativamente a questo tipo di personalità possiamo indicare qualcuno che sembra avere sempre la risposta giusta per ogni problema e che è sempre pronto ad offrirsi volontario quando si tratta di aiutare altri a fare meglio. In sintesi, qualcuno che quello che ha in termini di bontà, affetto e comprensione, lo dona molto volentieri a qualcun altro.

Tratto emotivo del mansueto

L'individuo mansueto cerca di evitare il conflitto a tutti i costi. Preferisce sempre risolvere le cose con calma e senza discutere e poiché non è incline alla discussione, spesso preferisce tirarsi indietro e lasciare che le cose vadano come devono andare se non riesce a risolverle come voleva o sperava.

Tendenzialmente, preferisce rinunciare a quello che vuole se il prezzo da pagare è un alterco od un confronto piuttosto serio. È un individuo pacifico che rinuncia a lottare per sé stesso perché la sua bassa autostima non gli consente di lottare per vedere i suoi desideri soddisfatti. Per questo, il narcisista lo vede come un bersaglio facile. È molto probabile che l'individuo "mansueto" dia l'impressione al narcisista di potersela cavare sempre proprio perché evita continuamente il conflitto prestandosi quindi ad esser sfruttato.

Il narcisista sa bene che gli individui "mansueti" litigano e si oppongono molto raramente permettendogli di manipolare con molto poco sforzo.

In quelle rarissime volte in cui l'individuo "mansueto" decide di reagire, il narcisista avrà comunque molti modi per opporsi ed utilizzerà molto astutamente tattiche di manipolazione molto pittoresche e sensi di colpa violenti per rimetterlo in riga.

Insomma, possiamo dire con assoluta certezza che questo tipo di persona rappresenta per il narcisista una fonte naturale di rifornimento narcisistico in quanto soggetto così incredibilmente accomodante ed impacciato da non riuscire bene a difendere sé stesso. In sintesi: la preda perfetta.

Tratto emotivo del tremendamente empatico

Partiamo con una premessa: l'empatia è una parte molto importante dell'umanità. Potenzialmente è tutto ciò che consente la comunicazione non verbale in modo efficace e che ci motiva a prenderci cura e ad avere rispetto degli altri.

Entrare in empatia con qualcuno, significa riuscire a sentire i suoi sentimenti.

Se, ad esempio, sei una persona empatica, potrai sentire il dolore di qualcuno che magari soffre per un lutto come se quel lutto fosse il tuo. Questa capacità, questa attitudine nel comprendere in modo totale i sentimenti dell'altra persona, incoraggia e spinge ad agire in tutti quei modi che vanno a beneficio dell'altra persona e quindi, per estensione, a beneficio della società in generale. Questo rende le persone degli "animali sociali" che possono avere un particolare successo poiché riescono ad immedesimarsi nell'altro per poi decidere di proteggerlo in quanto riconosciuto come individuo del proprio circolo interno.

Possiamo quindi affermate che i narcisisti vedono gli individui empatici come un altro facile e ghiotto bersaglio. Un soggetto empatico è incline alla cura verso gli altri poiché riesce a sentire bene il loro dolore e riesce a vedere la loro sofferenza. Per lui questa è una forte motivazione per aiutare. Odia vedere gli altri soffrire, non importa chi essi siano, e si batterà sempre per dare a tutti le cure che lui pensa che essi meritino. Per lui sono TUTTI meritevoli di un certo standard di "attenzione" e si sforza quindi di fornirlo incondizionatamente. Se senti di appartenere a questa categoria, vanne molto fiera ma stai molto attenta! Sebbene cosa ammirevole, difatti, questo ti lascia completamente in balia del narcisista. Lui non ti vede come persona dolce e particolarmente sensibile. Lui ti vede come qualcuno in grado di sopportare abusi quasi infiniti dopo averti abituata lentamente. Ti vede come qualcuna da sottomettere facilmente e sulla quale il senso di colpa potrà trovare terreno fertile.

Immagina per un momento la situazione, questo è un aspetto molto importante: <u>una persona empatica incontra un narcisista. Lui sentirà subito l'odore di qualcosa e fiuterà come un segugio la sua solitudine interiore. Essendo abile nel percepire i sentimenti degli altri, noterà che l'interno e l'esterno non coincidono e vedrà qualcuno che ha un disperato bisogno di essere manipolato e plasmato affinché l'oscurità interiore emerga per offuscare il carisma esteriore.</u> Così la avvicina e comincia ad approfittarsi di lei. Alla lunga comincerà ad ossessionarla, potrà scusarsi, far finta di piangere dicendo che non riesce a controllarsi e che è talmente distrutto da avere quindi bisogno di aiuto. Ovviamente, essendo un abile interprete delle emozioni altrui, farà leva sull'empatia della vittima sapendo che lei ha bisogno di questo, anche a costo di farle poi pagare un caro prezzo in termini di salute mentale. L'abuso comincerà a consumarla e lei rimarrà intrappolata nella rete narcisistica che le è stata abilmente tessuta intorno nel tempo. In quei rari casi in cui riuscirà a scappare, invece, il narcisista ne rimarrà sgomento.

Tratto emotivo del "desiderabile"

Questo tratto implica avere qualcosa che il narcisista desidera. Potrebbe essere qualcosa di particolarmente "fisico" di cui il narcisista ha bisogno in un particolare momento oppure potrebbe essere un buon posto di lavoro in un'azienda in cui desidera entrare, oppure una relazione all'interno di qualche circolo politico in termini di ambizioni personali ma anche, perché no, un determinato carisma in qualche gruppo social. Qualunque cosa attiri l'occhio del narcisista fino al punto di essere abbastanza desiderabile potrebbe esser presa di mira.

Per darti un semplice esempio, tu hai appena ottenuto sul luogo di lavoro una promozione che voleva tanto anche il narcisista. Preso atto di questo, lui potrebbe decidere di seguirti per un po' di tempo imparando i tuoi trucchi e cogliendo i tuoi segreti che in futuro vorrà dover emulare in seguito. Dopotutto, se ti imita, sarà in grado di ottenere quello che tu hai adesso o almeno questo è quello che pensa. Crede che il fatto di comportarsi come hai fatto tu gli potrebbe consentire di avere i tuoi stessi risultati, anche se non si è mai fondamentalmente applicato come hai invece fatto tu.

Tratto emotivo della persona cresciuta in ambienti disfunzionali o situazioni di abuso

Chi è cresciuto in ambienti abusanti o in una famiglia disfunzionale non è riuscito ad apprendere come dovrebbe essere una relazione sana. Accetta come "normale" tutto ciò a cui viene esposto durante l'infanzia e per lui, questo, diventa "familiare".

Ciò comporta, in età adulta, una ricerca inconscia di quelle situazioni familiari in cui è cresciuto. Vale per tutti. E, di conseguenza, coloro che hanno subito abusi non fanno eccezione. Di base quindi, anche se potrebbe non esserci necessariamente qualcosa di sbagliato in te, essendo magari cresciuta in una situazione disfunzionale, riuscirai ad essere molto più tollerante quando ti si presenteranno abusi e maltrattamenti rispetto ad un'altra persona che invece è cresciuta in un ambiente familiare differente e per lo più SANO. Ciò che ci è familiare, in sostanza, può essere più facilmente sostenuto di ciò che non lo è, anche se questo qualcosa di "familiare" non corrisponde e non ha i requisiti della "normalità".

Se ti hanno insegnato in tenera età che l'abuso va bene, perché magari chi ti ha cresciuto, in un modo o nell'altro abusava di te, allora in età adulta avrai buone probabilità di finire in relazione tossiche. Questo è del tutto normale. Non hai imparato a determinare confini buoni e non riesci quindi ad emulare gli schemi di una relazione sana! Al contrario riconosci inconsciamente un abuso, una mancanza di rispetto e forse anche la violenza reciproca e cosa fai? La tolleri, diversamente da chi magari, avendo una mappa comportamentale sana, riuscirebbe a scappare a gambe levate.

Ora, indovina un po', un narcisista riesce a captare tutto questo! Sa benissimo che coloro che sono cresciuti in determinati ambienti, hanno molte più probabilità di cedere agli abusi rispetto a chi, invece, è cresciuto in una famiglia amorevole. Così, approfitta di questa "tolleranza", riconoscendo che se riesce a bombardarti d'amore in modo piuttosto concreto, allora avrà ottime probabilità di ottenere ciò che desidera. Che cosa desidera? Dai che lo sai amica mia...desidera **benzina**, desidera **energia**, desidera **carburante emotivo.** E tu diventerai la sua fonte primaria di rifornimento narcisistico, il suo distributore preferito proprio perché disposta a sopportare tutto quello che lui ti fa.

Infine, il narcisista, essendo consapevole che coloro che sono cresciuti in ambienti disfunzionali hanno probabilmente una bassa autostima, li catalogherà come "suoi" bersagli preferiti.

I narcisisti sono tremendamente in grado di percepire il danno che una particolare infanzia ha fatto a una persona proprio come uno squalo sente l'odore del sangue in un gigantesco oceano. E proprio come lo squalo si dirige verso quel sangue, il narcisista si dirigerà verso le persone che hanno subito quel danno.

Tratto emotivo della persona carente di autostima e fiducia

Come ben saprai, l'autostima è ciò che ti fa avere rispetto per te stesso. Per dirla in altri termini, è il senso del valore che ti attribuisci. Chi ha una sana autostima riconosce la propria importanza mentre chi ha una bassa autostima si vede come qualcuno che non vale niente o molto poco, come qualcuno che si attribuisce poco valore.

Questo è un tratto caratteriale molto importante per un narcisista. È rilevante poiché coloro che si considerano di basso valore e si comportano come zerbini è molto probabile, anzi quasi certo, che si sottometteranno a qualsiasi tipo di manipolazione e gioco mentale che i narcisisti sono soliti usare.

Poiché, in genere, questo tipo di individui sente di non essere prezioso, può credere, intimamente e non a livello conscio, di meritare abusi e maltrattamenti, in modo particolare quando un narcisista o un soggetto tossico tentano di convincerli di questo. Una persona con una bassa autostima potrà esser facilmente sottomessa ma non ostacolerà mai più di tanto il soggetto abusante poiché si considera comunque inutile. In un certo senso, pensa di meritarsi determinati maltrattamenti. Farà tutto ciò che il narcisista chiede e verrà facilmente manipolato. Sente di non meritare la felicità, il rispetto ed anche la sicurezza, e sarà improbabile vederlo lottare per proteggersi a meno che non riceva un discreto numero di persuasioni, prossimi quasi all'accollo, da parte di un amico fidato o di un familiare.

Parliamoci chiaro amica mia, e stampati a caratteri cubitali nella tua testolina questo che sto per dirti: <u>la fiducia è ciò che ti da la forza di difendere te stessa e quello che pensi sia giusto! Se ti manca o ne hai poca, è probabile che tu possa trovarti in situazioni davvero umilianti</u>. Non avrai quella forza necessaria per credere in te stessa e nel tuo valore, non riuscirai a difenderti efficacemente e a farti rispettare e, con il tempo, tutto questo diventerà uno schema comportamentale che ripeterai in continuazione, soprattutto in situazioni di conflitto e quando deciderai di rincorrere i tuoi sogni.

Se ti consideri priva di valore, potresti altresì avere paura a prendere decisioni. Sarà improbabile aver fiducia in te stessa e rimanderai al fato o ad altre persone le decisioni importanti che ti si presenteranno. Sappi che tutto questo un eventuale narcisista lo vede e lo fiuta. E sarà pronto a catalogarti come vittima perfetta perché infinitamente idonea a concedere carburante emotivo senza soluzione di (dis)continuità.

Cerca quindi di cominciare a capire come valorizzarti e crescere caratterialmente, scava nel tuo "io", affronta i tuoi mostri e migliora la tua autostima. Solo così riuscirai a riconoscere il valore della lotta per il rispetto dei tuoi valori. Credimi, è più facile di quello che sembra, basta solo volerlo.

Capitolo 6 – Il Narcisismo in famiglia

Ebbene si, la famiglia! È proprio qui che impariamo a conoscere noi stessi e il mondo che ci circonda. E qui che acquisiamo buone abitudini ed è qui dove possiamo acquisirne anche di cattive. Dipende tutto dall'ambiente, dall'educazione che riceviamo e dal modo in cui la riceviamo. Alcuni disturbi della personalità ed alcuni tratti caratteriali sono, infatti, il prodotto diretto della nostra educazione.

La sociopatia, il disturbo borderline di personalità ed il disturbo narcisistico di personalità possono avere le loro radici proprio nell'abuso e nell'abbandono infantile e possono causare ripercussioni che durano fino all'età adulta ed anche oltre.

A volte, problematiche del genere, fortunatamente vengono individuate presto da genitori o insegnanti particolarmente consapevoli, altre volte nessuno se ne accorge perché nessuno le conosce e non sa dove cercarle.

In questo capitolo, discuteremo del narcisismo in famiglia, esaminando sia i genitori narcisisti che i figli e i fratelli narcisisti. E lo faremo proprio per render ancora più chiaro dove si generano quelle situazioni e quei tratti caratteriali che in futuro potrebbero porta i figli ad esser abusati da soggetti manipolatori.

Daisy

Daisy è una donna molto attraente di circa trentaquattro anni con un buon lavoro, un grazioso appartamento e una vita sociale molto attiva. In giovanissima età era una ragazza un po' in sovrappeso ma durante il periodo del college è riuscita per gran parte a risolvere il problema. Però, non si allena ancora molto, si vede, ma certamente non la possiamo considerare "grassa". Vive nella stessa città della madre che è rimasta vedova e la vede tutti i fine settimana per aiutarla con le commissioni e le piccole faccende che riguardano la casa della sua infanzia.

Quando Daisy torna nella sua casa d'infanzia, vede i trofei atletici vinti dalla sorella maggiore, Ellen, che ora è sposata e vive in paese. C'è un'intera libreria dedicata ai suoi cimeli, dai trofei vinti quando era bambina fino ai giorni dell'atletica leggera al college. La mamma era stata un'allenatrice e amava crogiolarsi nelle vittorie della sua squadra, parlare alle cerimonie di premiazione e persino essere intervistata dal giornale locale. Ha sostenuto e finanziato quindi tutte queste attività per Ellen e ha vissuto i risultati di sua figlia come se fossero i suoi.

Ellen adorava i riflettori che sua madre le puntava addosso e nel tempo ha iniziato a comportarsi in modo da assicurarsi di mantenerli. Così, ha cominciato a fare la prepotente con Daisy in modi molto sottili ma altrettanto evidenti. Faceva commenti sgradevoli sui suoi capelli o sui suoi vestiti e le diceva che era "brutta", "stupida" e "grassa" anche se Daisy non era niente di tutto questo. Rompeva i suoi giocattoli e toglieva di proposito le teste (che cosa macabra vero?) dalle sue barbie per impedire a Daisy di giocarci. Quando Daisy si lamentava di sua sorella, sua madre non le credeva e si lamentava del fatto che lei non fosse come Ellen (di queste dinamiche ne ho scritto approfonditamente in La Madre Narcisista). Per sua madre questo era il problema, lei non era come Ellen! Non era interessata ai concorsi né era attratta dagli sport di atletica leggera preferendogli le arti marziali e la fotografia. Voleva praticare aikido ed imparare a fare fotografie con il telescopio. Ma sua madre non la incoraggiava affatto! Anzi pensava che le arti marziali l'avrebbero resa "troppo violenta". Si era, però, offerta, di pagarle un corso di atletica, proprio come per sua sorella.

Con i suoi sogni che morivano piano piano e suo padre che difendeva le decisioni della madre, Daisy ha rivolto la sua attenzione a due cose cui sua madre non badava assolutamente: la scuola e il cibo. Eccelleva al liceo, unendosi ai club e alle attività che potevano tenerla fuori di casa il più possibile, ed evitava lo sport. Così, mise su un po' di peso con grande sgomento di sua madre ed il divertimento sprezzante di sua sorella Ellen.

Poi, si è iscritta ad una buona università statale dove lavorava duramente durante le lezioni e dove aiutava il preside entrando così nelle sue simpatie e diplomandosi in finanza con lode.

Così, mentre i voti e gli onori accademici portarono qualche elogio da suo padre, la madre e la sorella, invece, si comportavano freddamente con quel tanto che bastava per apparire gentili. La madre non mostrava mai interesse e non appariva orgogliosa, cosa che invece era frequente per quel che riguardava Ellen.

Per quel che riguardava il suo peso poi era una svalutazione continua ed un confronto quotidiano con il fisico atletico di Ellen che veniva imposto come uno "standard di qualità" molto alto. Ellen la derideva continuamente.

Una volta cresciuta, Daisy abbandonò quasi completamente la vita della madre e della sorella. Si incontrarono diversi giorni dopo la morte del papà in occasione di un evento organizzato in sua memoria.

Ellen, era diventata madre ed era un'istruttrice di fitness. Apparentemente sembrava cortese con la sorella ma Daisy, ormai rodata, sapeva riconoscere bene i sorrisetti e le sottili provocazioni. La madre fingeva interesse salvo poi, la sera tardi, spettegolare con Ellen relativamente al suo peso.

Dopo la morte del padre, Daisy comincia a sentirsi sotto pressione ed inizia a fare piccole cose per sua madre che non includevano comunque, e per fortuna aggiungo io, scuse o suppliche per un rapporto migliore. Non erano gesti spontanei ma dipendevano dalla ferma insistenza di sua madre e sua sorella. Daisy glielo doveva secondo loro. "Il minimo che puoi fare è prenderti cura di lei" diceva spesso Ellen.

I cugini, con i quali aveva ancora rapporti più o meno decenti, le facevano spesso visita chiedendole perché non passava più tempo con la madre, non sapendo, e forse non accettando, che l'infanzia di Daisy fosse stata tutt'altro che fantastica. "Adesso è sola" dicevano, oppure "è successo molto tempo fa, sono sicuro che non sia poi così male".

Così, piano piano, Daisy cede ma se ne pente presto.

Quando la va a trovare avviene più o meno questo: sua madre comincia a vantarsi di Ellen, le racconta di quanto sia carina, di quanto sia benestante, di dove vanno lei e suo marito l'estate o durante le vacanze; le dice di quanto è intelligente, le parla del lavoro eccellente che Ellen ha fatto nei concorsi e di quanto meraviglioso sia per lei crescere sua figlia Taylor ed indirizzarla a seguire le sue orme (e ci risiamo, il NARCISISMO) introducendola all'atletica. Tutto questo, viene astutamente intervallato da commenti critici nei suoi confronti, come sempre relativi al peso e all'immagine di Daisy, e da commenti sul suo lavoro e su come farebbe meglio a trovare qualcuno che la sostenga perché, come spesso sua madre non vede l'ora di sottolineare, "sei sicura che puoi prenderti cura di te stessa in questo modo?".

Insomma, il tema in questo periodo è sempre lo stesso di sempre. Ed è diventato così ripetitivo che si insinua ovunque; dalle conversazioni telefoniche alle e-mail, dagli incontri ai messaggini. E questo fa sentire Daisy proprio come si sentiva da bambina: arrabbiata, esausta e depressa.

I genitori narcisisti

La storia di Daisy e di Ellen che ti ho appena riassunto è la storia di una figlia adulta di un genitore narcisista, in questo caso maligno. Nella sua forma più elementare, per sintetizzare, sua madre vedeva le figlie come una sua estensione piuttosto che come persone separate e con una loro identità. Di conseguenza, Ellen, la figlia che l'ha resa orgogliosa nel modo più ovvio, attraverso le soddisfazioni relative ai concorsi e le vittorie sulla pista di atletica, che ha sposato un uomo ricco ed ha uno status sociale piuttosto alto, ottiene tutti i riconoscimenti possibili e le lodi da sua madre e cresce sua figlia nello stesso modo in cui è stata allevata lei. Mentre Daisy, il brutto anatroccolo, la figlia non ancora sposata e senza prole di cui non poter vantarsi, che conduceva una tranquilla vita accademica contornata di successi che però sua madre non poteva o non voleva capire, si trova stretta in una morsa familiare creata dalla madre appunto e da tutta la squadra di "**scimmie volanti**", i cugini e la sorella, e continua ad esser sottoposta alle stesse critiche e sbeffeggiata come prima. Qual è quindi la dinamica? La dinamica è questa: Daisy non "serve" la madre nel modo che la madre desidera. Non la "rappresenta". È troppo accademica e troppo grassa. Per la madre di Daisy, una donna con un'ottima forma atletica, con muscoli allenati piuttosto che curve morbide è l'icona della bellezza femminile e l'apice della desiderabilità. È così che vede sé stessa, ed è quello che è diventata Ellen. Le figlie devono essere così. Per lei il fisico morbido e sinuoso di Daisy è invece grasso, debole e poco desiderabile. E per questo Daisy sarà sempre il bersaglio perfetto per gli abusi di una madre narcisistica.

Ora, per farti capire meglio, se scendiamo nel tecnico, possiamo osservare che gli individui come Daisy, a seguito di abusi di questo tipo, tendono a sentire e metabolizzare:

- Totale svalutazione
- Profonda paura di difendersi
- Ipersensibilità ai sentimenti degli altri
- Incapacità di gestire le emozioni degli altri
- Insicurezza cronica
- Estrema preoccupazione per il modo in cui gli altri li vedono

- Profonda insicurezza riguardo alle relazioni che trova generalmente insoddisfacenti o addirittura tossiche
- Difficoltà nell'uscire da relazioni abusanti
- Ossessione sul narcisismo, quando si informano sul disturbo lo vedono in tutte le persone con cui entrano in contatto
- Abuso sul luogo di lavoro o a scuola

La storia di Daisy dimostra nella sua totalità il potere di questi sentimenti, in particolare il suo senso di svalutazione e la sua insicurezza riguardo alle relazioni. Tuttavia, ci da anche strumenti per comprendere bene l'estrema importanza che un soggetto narcisista, in questo caso la madre di Daisy, attribuisce alla convalida esterna e il suo esagerato senso di diritto. La "finta" autostima e l'armatura che protegge la sua debolezza interiore e la sua vulnerabilità hanno origine per gran parte da questo.

Per darti una ulteriore chiave di lettura, posso dirti che la mamma di Ellen e Daisy, in passato era stata un'atleta di buon livello e successivamente l'allenatrice di una squadra vincente del suo liceo. Viveva quindi per la convalida esterna che arrivava nella sua vita grazie alle realizzazioni in questi settori e al fatto che rivestisse anche lo "status" di allenatore. Così, una volta madre si è sentita disperatamente autorizzata a riconquistarlo attraverso le sue figlie, modellandole, o cercando di farlo visto che con Daisy non c'è riuscita, nei suoi perfetti riflessi

Concludo questa parte dicendoti che il fatto che una persona sia orgogliosa dei propri successi e del suo ruolo non è un male, anzi è una conseguenza del tutto normale. Diventa pericoloso quando tutto questo diventa "patologico" relativamente alla pretesa ossessiva dell'ottenimento di continue convalide.

Come può una madre fare questo?

Qui, è bene adesso fare una premessa: per le persone che hanno un disturbo narcisistico di personalità non è tanto una questione di "come" ma più una questione di "perché". La parte "come" è molto semplice, non riescono a resistere! È un impulso più forte di loro che non riescono a controllare, principalmente perché non sanno cosa lo muove. E qui veniamo al "perché". Il motivo risiede nel fatto che la loro natura di narcisisti maligni comporta, come saprai, una totale assenza di empatia emotiva e contestualmente il sentimento di **completo diritto** sugli altri, specialmente su coloro che vedono come inferiori.

Il narcisista ha una visione distorta degli altri e del mondo che lo circonda che i terapeuti definiscono come **"mentalità o approccio emotivo"** e che costituisce il presupposto del modo in cui lui interpreta e "decodifica" ciò che è giusto o sbagliato.

Non riesce ad osservare le situazioni se non dal suo punto di vista che vede come l'unico punto di vista corretto. E poiché non riesce a capire che ci possono essere modi diversi, ma altrettanto validi, di vedere qualcosa, reagisce con ostilità ad ogni stimolo che è in contrasto con questo "approccio emotivo" e si comporta come se fosse stato criticato ed insultato personalmente.

Tornando all'esempio di questo capitolo, questo tipo di comportamento narcisistico ha colpito Daisy ed Ellen in modi parecchio diversi.

Generalmente, un figlio cerca sempre l'amore e l'approvazione della mamma. Ovviamente Daisy ed Ellen non sono diverse. Cosa è successo quindi? Nel loro caso, il giudizio continuo in primis ed il bullismo che si è poi concretizzato su Daisy, hanno avuto l'effetto di mandare le due giovani donne su traiettorie differenti.

Ellen ha interiorizzato gli standard e i valori di sua madre ed è diventata il riflesso che la mamma stava cercando, arrivando addirittura a crescere sua figlia a immagine di sua madre. Per quanto riguarda Daisy invece, lei è andata dall'altra parte, ribellandosi alla tirannia di sua madre ma pagandone un caro prezzo. Così, mentre Ellen ormai era già stata plasmata, Daisy rappresentava ancora una parte di lei che le doveva obbedienza.

Dal punto di vista di Daisy, le richieste di sua madre erano impossibili da soddisfare. Daisy, rappresenta quel tipo di "figlio" che riesce a sganciarsi fin dall'inizio dal comportamento narcisistico genitoriale (vedi La Madre Narcisista). Adesso, da adulta sottoposta allo stesso comportamento, Daisy ha una scelta ulteriore: più sua madre continua ad essere svalutante e prepotente, più facile per lei sarà questa scelta.

Crescere bambini narcisisti

Come ho già scritto in un altro libro quindi, il narcisismo può svilupparsi anche a causa dei modi con i quali un bambino viene cresciuto. Ma quali sono questi tipi di pratiche genitoriali che portano al narcisismo nei bambini? Bene, essi possono anche scomporsi nell'enfasi posta sull'autostima e sulla felicità **immediata** del bambino, in contrapposizione alla sua autosufficienza, ai limiti e alla disciplina.

Vediamo questo ultimo concetto più nel dettaglio.

Tutti quanti ottengono una ricompensa (felicità immediata)?

No. Al giorno d'oggi non è assolutamente così, non deve esserlo.

Questo tipo di "risposta" va bene per le persone che appartengono alle generazioni passate. Per quanto scioccante possa essere per i giorni odierni, c'è stato un tempo in cui nelle dinamiche familiari esistevano vincitori e vinti e per questo dovevano essere guadagnati dei premi oppure no. Perché? Perché questo era un paradigma che rispecchiava il modo in cui funzionava il mondo.

Purtroppo, alcune persone, ancora oggi, credono di fare un favore ai loro figli concentrandosi solo sulla loro felicità e sull'autostima escludendo però la disciplina del feedback positivo e costruttivo. Pensano di fare un favore ai loro figli assicurandosi che essi ottengano una ricompensa immediata, indipendentemente dai loro sforzi. Questo paralizza la loro capacità di crescere in un certo modo e diventare adulti autosufficienti rafforzando l'idea di essere il centro dell'universo e di meritare per questo elogi e ricompense indipendentemente dalla loro realizzazione o meno. Questi sono i primi passi per sviluppare nei figli dei tratti narcisistici.

Social media e Narcisismo

Se c'è una cosa che i bambini ed i giovani adulti hanno oggi a disposizione che le generazioni precedenti non avevano, è un social media omni-pervasivo

Quelli che prima erano momenti intimi e privati, pensieri scritti dentro un diario gelosamente custodito, immagini conservate in un album fotografico, ora invece fluttuano quotidianamente nel web su piattaforme come Facebook, Twitter, Youtube ed Instagram e vengono date in pasto ai commenti e al giudizio del mondo. Si è in cerca di un like, di un retweet; si è in cerca di condivisioni che se non arrivano deprimono l'individuo, se arrivano invece lo eccitano a dismisura. Tutto questo ha un impatto molto importante sull'autostima. È un meccanismo che in psicologia è conosciuto come "gratificazione immediata" e che intacca la percezione della realtà (se ricevo attenzioni valgo, altrimenti no). In individui predisposti ed in soggetti con tratti narcisistici o disturbo narcisistico della personalità diagnosticato, queste cose fungono da "amplificatore" andando di fatto a peggiorare una situazione di base già compromessa. Inoltre, hanno aperto la strada a nuove situazioni facendo sfociare il loro narcisismo in livelli nuovi e più patologici.

Ora, pensaci un attimo! In tempi passati, quante persone sarebbero state interessate a quello che hai fatto ieri per cena? Quante persone sarebbero state interessate al tuo ultimo viaggio? A quanti di questi interessa oggi sapere che stai pranzando al centro commerciale? Vogliamo parlare poi dei selfie? Foto improbabili che sembrano la pubblicità del nuovo gommista di quartiere in pose altrettanto improbabili e degne del promo di un nuovo film pornografico (vale sia per i maschi che per le femmine). Per non parlare del papero che magari ti sei tatuata sulla chiappa o delle ciliegie che hai sul piede. Insomma, con l'avvento dei social media, ora tutto quanto, anche le cose più banali, piccanti, bizzarre ed offensive vengono messe a disposizione di tutti come se poi la gente abbia veramente voglia di esser messa a conoscenza di molte di quelle cose. Ora, passino i personaggi pubblici, e pure su questo ci sarebbe molto da dire in termini di "emulazione", ma per il resto, la quasi totalità dei post e delle condivisioni non hanno alcun senso se non quello di indicare un preoccupante aumento di un fenomeno che non ha niente di salutare ma ha invece molto di definiamolo "curioso" per evitare di urtare la suscettibilità di qualcuno.

Cerchiamo ora di andare un po' più in profondità e chiediamoci: perché tutte queste cose vengono pubblicate così senza alcun freno? Bene, questi post, e le reazioni che essi producono, hanno una funzione che possiamo definire **catartica** e vanno a "liberare" il narcisismo di chi li pubblica e che in piccolissima parte abbiamo un po' tutti. Ma alcune persone pubblicano foto, momenti, situazioni o video particolari, in moltissimi casi anche compulsivamente, per mostrare la loro "grandezza" e far sapere a tutti, spesso hanno anche la privacy impostata come **pubblica** infatti, cosa sono in grado di fare e che quello che fanno deve essere attentamente osservato. In pratica: una pericolosa **deriva narcisistica**.

In conclusione, cosa insegna alle persone la cultura dei social media? Gli insegna che i loro sentimenti, i loro pensieri, le loro opinioni e le loro attività quotidiane contano più per gli altri che per loro stessi. Questo genera un falso senso di importanza ed una rilevanza patologica che nutrono il narcisismo di una società allo sbando, autoreferenziale ed egoica, inondata di selfie tutti uguali ed emoticon fuorvianti.

Purtroppo, analizzando il fenomeno nella sua totalità, i bambini che cresceranno in questo contesto, avranno maggiori probabilità di sviluppare un certo grado di narcisismo, specialmente poi se i loro genitori ed il loro ambiente familiare superano quel confine di cui abbiamo detto poco sopra e che separa il crescere un bambino con una sana autostima dal crescere un potenziale narcisista.

Sviluppo della personalità e Narcisismo

Partiamo adesso da un assunto: di base, l'impulso di un genitore a costruire l'autostima del proprio figlio è naturale e facilmente comprensibile. Tuttavia, secondo Eddie Brummelman, psicologo olandese, Sander Thomaes, psicologo dei Paesi Bassi particolarmente esperto di narcisismo e Constantine Sedikides psicologo inglese, alcuni modi attraverso i quali i genitori cercano di sviluppare l'autostima nei loro figli possono spingere rapidamente un bambino verso il narcisismo.

Come abbiamo già trattato in altra sede, gli psicologi ormai discutono da tempo su quale siano i meccanismi più influenti per quel che riguarda lo sviluppo della personalità degli individui. È un fattore genetico, e quindi stabile dalla nascita, o è il risultato di esperienze ed input educativi che cambiano determinate circostanze? In questa seconda opzione, il ruolo degli educatori (genitori) e dei comportamenti che essi manifestano e che vengono appresi dai bambini, sembra essere la chiave per lo sviluppo di una sana autostima o del narcisismo.

Secondo Brummelman e gli altri suoi colleghi sopra menzionati, c'è una differenza piuttosto significativa tra autostima e narcisismo. Entrambi si basano sul modo in cui gli individui percepiscono come gli altri li valutano ma le somiglianze finiscono qui e le differenze hanno un effetto significativo su come ognuno individuo percepisce il proprio mondo sociale, sé stesso e gli altri.

Andiamo un momento nei dettagli perché qui ci sono cose interessanti da dire. Seguimi mia cara!

<u>Per i narcisisti, questo **mondo sociale** è disposto in un ordine gerarchico verticale, ci sono persone sopra e persone sotto. I narcisisti non riconoscono assolutamente le sfumature. Hanno quella necessità patologica di raggiungere la cima in ogni circostanza e con ogni mezzo necessario, al fine di proteggere il loro ego ferito e l'immagine di sé attraverso le trappole della manipolazione e della supremazia. Ogni relazione viene vista da loro come un'opportunità, un qualcosa da sfruttare al servizio del proprio obiettivo.</u>

<u>Dall'altra parte, e questo parametro schiaffatelo in testa come **termine valutativo**, le persone con un'elevata autostima, non vedono il mondo sociale in modo verticale e quasi gerarchico ma</u>

lo vedono come mondo parallelo dove tutti sono allo stesso livello.

Questo tipo di persone si concentrano sulle relazioni e non sul conflitto e sulla sopraffazione dell'altro. E le relazioni sono fini a sé stesse e non strumento di prevaricazione.

Tracciamo quindi una bella linea! La differenza sta nel vedersi come superiori (narcisismo) o vedersi come degni (alta autostima). I narcisisti scambiano la proiezione esasperata del loro ego ferito per autostima. E la cosa paradossale è che se ne vantano pure. La differenza è tutta qui.

Il Narcisista - Un bullo

Quando un bambino comincia a percorrere quella strada che va verso il narcisismo, spesso si assiste allo sviluppo di comportamenti di bullismo. Se ci pensi, infatti, i bulli tendono ad avere molti tratti che possono esser associati a quelli del disturbo narcisistico della personalità. Tra questi, quello che identifica una certa aria di superiorità e quel senso di diritto che nascondono un sé interiore debole e spesso spaventato. I bulli sono molto abili nel deviare la colpa e di solito riescono a farla franca anche per gli abusi che infliggono agli altri proprio come i narcisisti.

A peggiorare le cose, quando un bambino si lamenta con un adulto del bullo di turno, ad esempio un insegnante, spesso non gli si crede perché, interpretando la vittima, il bullo di solito riesce a manipolare l'adulto cercando di affrontare davanti a lui la situazione con toni molto diversi. E da qui, inizia così un ciclo di ripetuti abusi e conseguenti inutili interventi che presto cominceranno a logorare l'autostima delle vittime.

Tratti caratteriali che indicano un potenziale bullo

È quindi essenziale che genitori, insegnanti o altri tipi di tutori, dirigenti e allenatori scolastici e non, imparino ad identificare quei tratti della personalità che integrano il bullismo. Potrai ben notare che sono tutti tratti narcisistici. E questo rafforza proprio quello di cui dicevano sopra. Ossia le connessioni che ci sono tra bullismo e narcisismo sono molte.

Vediamole:

1. L'effetto Eddie Haskell

Dobbiamo prima di tutto sottolineare che i "bulli" sono molto bravi nel dare una buona impressione a quelle figure ritenute autoritarie come genitori ed insegnanti. Tuttavia, se li si riesce ad osservare da vicino per un periodo ben determinato, si potrà notare che la stessa cortesia che viene proposta nei confronti di genitori ed insegnanti non verrà mai estesa agli altri bambini quando genitori ed insegnanti non saranno presenti. Questo è un primo tipo di manipolazione che gli adulti dovrebbero cominciare a notare.

2. "Io" so tutto

Questa tipologia di bambino pensa di avere sempre ragione e pensa di averla indipendentemente da qualsiasi prova contraria. È un tipo di "pensiero" che nasce da una profonda necessità del bambino di difendersi dal sentirsi sbagliato o vulnerabile. Ed è un segno di profonda insicurezza.

3. Lo Spaccone

Qui, il bambino è interessato solo a lusingare gli altri bambini, rifiutandosi di partecipare alle loro esperienze o mostrare attenzione per loro idee o per i loro risultati (pensa al love bombing).

4. L'imbronciato

Questa tipologia invece mette regolarmente il broncio quando non ottiene ciò che vuole. Non è un buon segno. Non stiamo parlando di un qualcosa che il bambino non ha trovato travolgente ma piuttosto di una risposta del tutto oppositiva alla delusione.

5. L'innocente

Qui abbiamo una totale manifestazione di assenza di colpa o rimorso per qualcosa che ha fatto. Così, il bambino declama la propria innocenza addossando la colpa a qualcun altro e mantenendo questa posizione il più a lungo possibile, a volte indefinitamente.

6. Il tiranno

Simile al bambino imbronciato, gli attacchi lanciati dal bambino tiranno durante il giorno, sono risposte di opposizione alla delusione che indicano non solo una profonda insicurezza ma anche un senso di diritto piuttosto esagerato.

7. L'insensibile

La tipologia potenzialmente più pericolosa. Ha una marcata mancanza di empatia e si sente in diritto di dire o fare cose crudeli agli animali domestici e ad altri bambini. Spesso non si rende conto del "come" e del "perché" quello che dice o fa è offensivo e di conseguenza non se ne preoccupa particolarmente perché potrebbe sfociare in patologie ben più serie (narcisismo appunto e nella peggiore delle ipotesi psicopatia). È una condizione che deve essere affrontata molto rapidamente.

Possiamo quindi tranquillamente affermare che questi tratti della personalità che in un bambino indicano comportamenti di bullismo, sono strettamente collegati ad un potenziale sviluppo di un disturbo narcisistico della personalità. Di conseguenza, è essenziale che i genitori, gli insegnanti ed eventuali altre figure professionali gli altri comprendano e riconoscano questi segnali per mitigare qualsiasi potenziale danno al bambino in questione o ad altri intorno a loro.

Evitare di crescere un narcisista

Sulla base delle loro ricerche, Brummelman ed i suoi colleghi hanno notato, e di conseguenza stabilito, che è possibile impedire ad un bambino di sviluppare tratti narcisistici pervasivi continuando comunque a promuovere lo sviluppo di una sana autostima. In accordo con loro si potranno tenere determinati accorgimenti. Vediamoli:

- I genitori e gli insegnanti devono lodare i bambini per i loro risultati senza però confrontarli con i loro coetanei. Ad esempio, si potrebbe dire "Hai fatto un buon lavoro" perché trasmette comunque valore e risultati e non "Sei il migliore" che invece trasmette superiorità.

- I genitori devono insegnare ai loro figli a pensare a tutto ciò che hanno in comune con i loro coetanei e contestualmente indurli a sviluppare un confronto paritario.

- Infine, quando un bambino soffre di bassa autostima, gli adulti nella loro vita devono procedere secondo due precise modalità: in primo luogo devono

99

rassicurare il bambino del proprio valore, abituandolo a ricevere commenti positivi e ad apprezzarli. Tendenzialmente, i soggetti con bassa autostima tendono ad ignorare le lodi e a focalizzarsi solo sulle critiche.

In secondo luogo, devono insegnare al bambino ad elaborare in modo appropriato tutto ciò che gli altri dicono di lui aiutandolo a capire che eventuali critiche negative possono servire come feedback costruttivo.

Tieni bene a mente che tutti i bambini, non solo meritano, ma hanno proprio diritto a vivere un'infanzia sicura e funzionale ad uno sviluppo sano della loro personalità. Aiutandoli, pertanto, a riprendersi da eventuali profonde insicurezze che possono condurre sia a comportamenti di bullismo sia allo sviluppo di tratti narcisistici con conseguente e relativa mancanza di empatia e responsabilità, potremmo contribuire a garantirgli quella sicurezza e quella funzionalità che sono necessarie per lo sviluppo di un ego centrato.

Gestire fratelli narcisisti

Se si ha la sfortuna di incappare in genitori narcisisti, è probabile, ma non scontato, che uno o più bambini, a seconda dei casi, svilupperanno tratti narcisistici. I bambini, quando sono molto piccoli, assorbono tutto molto velocemente. Di conseguenza, anche il comportamento dei loro genitori. Imparano così ad affrontare il mondo che li circonda modellando quel comportamento e incorporandone i tratti sottostanti all'interno della propria personalità.

Un genitore vanaglorioso e che manca di empatia, si sente autorizzato a fare tutto! Così, insegna inconsciamente ai propri figli che quel modo è il modo in cui si comportano le persone "normali" con la conseguenza che i bambini lo interiorizzano. Questo, poi, viene rafforzato dall'altro genitore, che di solito assume il ruolo di enabler o **scimmia volante**, che spesso perpetua la dinamica coprendo il narcisista, scusandolo e difendendo il suo comportamento, a volte continuando in questo modo anche dopo che il genitore narcisista viene a mancare.

Come appena detto poco sopra, non tutti i figli di genitori narcisisti diventano essi stessi narcisisti. Alcuni, e questo capita sovente nelle famiglie dove ci sono fratelli e sorelle, si ribellano al genitore narcisista finendo per diventare il capro espiatorio all'interno della famiglia. Così, il bambino narcisista "sembra" diventare quello favorito che raccoglie quel poco amore e quella misera attenzione che il genitore narcisista ha da offrirgli beneficiando di quella specie di "immunità" fornitagli anche grazie all'intervento dell'altro genitore. Se ben ricordi, il caso di Daisy ed Ellen ci ha insegnato proprio questo.

Sono lì fuori per prenderti

Se quindi non sei figlia unica e pensi che tuo fratello ti stia facendo del male di proposito e senza alcun motivo valido, non sei paranoica.

Partiamo dal presupposto che i narcisisti sono intorno a te per catturarti e succhiare la tua energia. Nel caso di fratelli, una delle loro caratteristiche distintive è che faranno di tutto per farti del male. Questo non ha nulla a che fare con qualcosa che potresti aver fatto o detto. È direttamente collegato invece all'intensità estremamente bassa dell'amore che hanno ricevuto e continuano a ricevere dai genitori. E, siccome lo vedono come una risorsa estremamente scarsa e tu sei una loro concorrente, faranno tutto il possibile per assicurarsi di ottenerlo lasciando te a bocca asciutta.

Questa forma di bullismo è studiata, sempre inconsciamente (non pensare che sia un atteggiamento voluto a livello razionale), per minare la tua posizione all'interno della famiglia, per farti sentire un'estranea senza posto che non merita l'amore, l'attenzione ed il supporto che i tuoi genitori ti concedono. In più, questo bullismo spesso passa inosservato al genitore narcisista, o viene volutamente ignorato, giustificato e, a volte, persino incoraggiato perché è conveniente farlo. In pratica ne hanno un tornaconto in termini di carburante emotivo.

Non è facile essere fratello o sorella di un narcisista, soprattutto quando ci si rende conto che è difficile uscirne e che i tuoi genitori non ti aiuteranno mai perché non vogliono prendersi la responsabilità di considerare il loro comportamento e di essere di conseguenza ritenuti i primi colpevoli della situazione.

Così, questa violenza prosegue nell'età adulta dove le tattiche di bullismo che un tempo erano prive di senso diventano più subdole, raffinate ed utili per loro.

Vediamo adesso cosa puoi aspettarti da un fratello, o una sorella, narcisista:

- Tradiranno la tua fiducia in tutti i modi possibili
- Abuseranno di te tutti i modi possibili
- Ti mentiranno direttamente o indirettamente e saranno vaghi sui dettagli
- Ti nasconderanno informazioni importanti sulla famiglia
- Ti giudicheranno in modo violento e spesso ipocrita
- In famiglia saranno estremamente ostili con te
- Mostreranno un totale disprezzo per eventi importanti ed eventuali successi nella tua vita
- Discuteranno con te in modo ossessivo supponendo che tu non sappia di cosa stai parlando fino a quando non abbandonerai esausta e sconfitta

Ora potresti pensare che una volta cresciuta le cose cambierebbero. Dopotutto, tu e tuo fratello una volta adulti avrete un senso di responsabilità diverso e quindi arriverà l'ora di gettarsi tutto alle spalle e ripartire serenamente giusto? Indubbiamente, se avessi a che fare con qualcuno sano, qualcuno magari più simile a te, la risposta sarebbe probabilmente sì. Tuttavia, nel caso di un fratello narcisista non si ha a che fare con un soggetto sano da un punto di vista psichico. Hai a che fare con una persona disturbata che senza il necessario intervento di qualcuno esperto, cosa che come saprai non si verifica quasi mai, continuerà con i suoi atteggiamenti anche nell'età adulta sbattendoti in faccia il suo trauma ad ogni occasione.

I sentimenti che oggi provi per un fratello narcisista hanno le loro radici proprio nel trattamento che hai ricevuto da loro quando eri più giovane. Se, ad esempio, ti senti ansiosa quando sei con loro, è perché c'è una parte di te che sta aspettando un attacco. Quella parte più istintiva sa che l'attacco prima o poi arriverà. Per questo spesso consiglio di fidarsi dell'istinto. Perché l'istinto non sbaglia mai.

I traumi che hai subito in passato sono ancora lì, tutti! E quando incontri un manipolatore lo senti. Provi qualcosa di strano, anche se non c'è una minaccia immediata. E il più delle volte, non gli dai ascolto. Ed anche se oggi tuo fratello ti tratta meglio, il tuo istinto ti fa stare in guardia. La sua nuova immagine è un atto dovuto, un modo per nasconderti gli abusi passati. Ma la sua aggressività è ancora lì, in agguato, sotto la superficie. E tutto questo vale in ogni ambito, anche in quello romantico, le dinamiche sono le stesse.

Banalizzerà il tuo dolore, ti accuserà di essere "troppo sensibile" o ti diffamerà affermando che stai "inventando tutto per qualche stupido motivo. Ricorda, tu e tuo fratello siete stati addestrati da genitori narcisisti ad essere rivali. È stato un meccanismo di controllo che gli ha consentito di manipolarvi entrambi.

Affrontare fratelli o genitori narcisisti

Quando hai a che fare con fratelli o genitori narcisisti devi tenere bene a mente il fatto che essi soffrono di un disturbo molto serio. Questo significa che hai a che fare con persone estremamente egoriferite, che hanno bisogno di sentirsi superiori e che ti faranno continuamente cattiverie per mantenere quest'illusione. Loro sono così. E tu non puoi cambiarli.

Ma c'è una buona notizia, puoi cambiare te stessa. Ricordati che tutte le relazioni sono facoltative, anche le relazioni familiari. Certo, il legame biologico di un genitore o di un fratello rimangono ma tutto questo non significa che devi rimanere lì a sopportare i loro abusi. Dovrai sentirti libera di decidere la vita che vorrai vivere e dovrai sentirti altrettanto libera di decidere chi potrà far parte della tua vita e chi invece NO. Di conseguenza, potrai anche decidere di allontanarti dal tuo genitore o dal tuo fratello narcisista.

Spezzare un legame tossico non è e non sarà mai un atto di tradimento. È al contrario un atto di forza, una dichiarazione verso chi ha abusato di te e verso coloro che sono rimasti a guardare ed hanno lasciato che tutto questo accadesse. È una dichiarazione urlata in faccia a chi ti ha fatto del male con la quale tu comunicherai di voler riprendere il controllo della tua vita ed allontanarti da chi ti ha fatto del male. E potresti sorprenderti di quanto sarà più facile respirare una volta che lo farai.

Se invece senti il bisogno di mantenere la relazione, allora preparati a gestire il narcisista, fratello o genitore che sia, come tratteresti qualsiasi altro narcisista. Ma sappi che sarà la scelta peggiore.

Ora, schematizzando:

- Definisci i confini e rispettali tu in prima persona
- Comunica con forza ed in modo inequivocabile, preferibilmente per iscritto
- Accetta che le provocazioni continueranno
- Chiudi i tuoi canali informativi, potrebbero usarli contro di te. Meno informazioni avranno, meno potranno attaccarti

- Instaura relazioni fuori dal loro controllo. Questo toglierà al narcisista la possibilità di avvelenare il clima qualora dovesse capitarti di dire qualcosa di negativo sulle tue nuove frequentazioni

- Accetta che non gli devi nulla e non permettergli di manipolarti

- Ricordati che le loro accuse ed i loro insulti sono semplicemente proiezioni di come loro si vedono e si sentono

Il tuo obiettivo dovrà essere quello di rompere il ciclo. Dovrai inoltre imparare ad amare te stessa per quello che sei per poter dare un giorno ai tuoi figli tutto ciò di cui loro avranno bisogno per integrare un sé bello, separato ed autentico. Dovrai imparare a conoscere profondamente gli altri per avere poi la giusta consapevolezza di crescere un figlio separando i tuoi bisogni ed i tuoi desideri dai suoi, concentrandoti quindi su di loro e non su di te. Fare tutto questo, allontanarsi dal tuo ego per concentrarti sull'ascoltare i bisogni degli altri in primis e poi quelli di tuo figlio, ti permetterà di rompere il ciclo generazionale dell'abuso narcisistico.

Capitolo 7 – Cosa gli empatici amano del narcisista

Ci sono molte ragioni per le quali gli empatici vengono attratti dai narcisisti. Ragioni che sono state spesso discusse con eccezionale dettaglio anche in molti altri libri da parte di ottimi professionisti e studiosi. Credo però sia opportuno dare anche in questa sede uno sguardo a queste dinamiche che a me piace definire come "spirituali" ed "energetiche".

Uno dei principali problemi che si trovano ad affrontare gli empatici è che spesso hanno una particolare difficoltà ad accettare che, nella vita, ci sono e ci saranno sempre persone che loro non possono aiutare e che alcune di queste, semplicemente, non sono buone per loro.

Quando, durante il percorso della nostra vita, iniziamo a maturare come esseri spirituali e cominciamo finalmente a sviluppare l'amore per noi stessi, dovremmo anche cominciare a considerare il fatto che salvare tutti è impossibile e dobbiamo contestualmente imparare ad accettarlo.

Per un empatico, purtroppo, questo è molto difficile da accettare. Ed il narcisista, con i suoi continui giochi mentali ed i frequenti cambi di personalità, può offrirgli una bella ed affascinante sfida.

Ci saranno, infatti, momenti in cui questa persona (il narcisista), che è così spesso crivellata di bile e cinismo, sembrerà gentile, dolce e fragile gettando in confusione l'empatico che verrà rapidamente coinvolto in quell'enigma infinito e relativo alla speranza che ha riguardo l'eventuale cambiamento del narcisista, lasciandolo, però, in un mare di domande senza risposta.

L'empatico potrà trascorrere anni, consciamente od inconsciamente, ad ossessionarsi nella ricerca della chiave magica in grado di aprire il cuore del narcisista! Potrà passare decenni a riflettere su questo puzzle, convincendosi che prima o poi riuscirà a risolverlo.

Nelle prime fasi della relazione, gli empatici sono particolarmente vulnerabili al love-bombing perché sentono tutto molto profondamente e verranno rapidamente travolti dalla particolare attenzione del narcisista che riesce molto rapidamente a comprendere ogni dettaglio dei loro bisogni emotivi, mentali e fisici.

Ciò di cui la maggior parte degli empatici non si rende conto, tuttavia, è che sebbene un narcisista possa essere "meravigliosamente" intuitivo, non significa che stia vivendo il mondo allo stesso modo dell'empatico. In altre parole, mentre un empatico sente i pensieri e i sentimenti degli altri per aiutarli, un narcisista può comprendere e intuire i pensieri e i sentimenti degli altri per controllare, dominare e manipolare. Gli empatici, inizialmente, apprezzano l'intensità dell'intelligenza e dell'intuizione del narcisista e immaginano che questa sia uguale alla loro. E potrebbero legarsi con un narcisista, magari covert, e necessitare di molto tempo prima di rendersi conto che alcuni dei comportamenti del narcisista contraddicono totalmente ciò che lui dice in momenti nei quali appare dolce, tranquillo ed amorevole. Tutto ciò che il narcisista dice, viene appreso da altri, preconfezionato e servito in base ai bisogni dell'empatico. Le sue idee si basano su una qualche verità presa un po' qua e un po' là. Ma fondamentalmente si sentono come degli estranei, si sentono come qualcuno che è nato nel posto sbagliato al momento sbagliato e con il quale la vita è stata è e sarà incredibilmente dura. Ti rendi conto di che non esiste un piatto più gustoso di questo per un empatico? E conosci qualche narcisista in grado di superare una giornata senza la possibilità di accedere ad un così costante flusso di cibo emotivo? Empatico e narcisista rappresentano un incastro perfetto. E per un narcisista, credimi, è tremendamente faticoso dover continuamente cercare nuovi distributori di carburante ingannando le persone che gli sono intorno solo per mantenersi "in vita".

Lui è un individuo ferito! Ma, per favore, non pensare che la fragilità del narcisista, la sua profonda ferita sia uguale alla tua. Sarebbe come osservare da vicino la bocca di un coccodrillo che ha un tremendo mal di gola.

Tu e lui siete due facce della stessa medaglia! La sensibilità che tu hai sviluppato ti ha trasformata in una specie di crocerossina sexy con le treccine, la minigonna ed il cappellino bianco con una bella crocerossa disegnata sopra. La sensibilità del narcisista, le sue ferite gli hanno invece fatto scegliere la via oscura e lo hanno trasformato in un vampiro emotivo. E non si tratta di demonizzarlo sia chiaro, si tratta solo ed esclusivamente di dare un volto al male che infligge alle altre persone. Siamo d'accordo che non è colpa sua. Ma neanche soffrire è uno nostro dovere.

La sensibilità dei narcisisti è senz'altro qualcosa su cui si deve riflettere. E per assurdo anche qualcosa su cui, ipoteticamente, si potrebbe lavorare. Perché, in effetti, è proprio questa loro sensibilità che ti fa innamorare. Ma come ci si sente ad essere ignorati, giudicati e sminuiti costantemente?

Sei così felice di vederlo andare avanti nella sua carriera e nella sua vita, magari a fronte di un prezzo che ogni giorno devi pagare profumatamente in termini di salute ed equilibrio mentale mentre lui si gonfia l'ego per la tua infinita rassicurazione quando tu sei in questo loop mentale magari chiusa in casa a piangere continuamente? Pensaci...

I narcisisti, parecchi di loro, sono estremamente intelligenti. La loro intelligenza e la loro capacità di valutare e analizzare i comportamenti e le motivazioni umane possono sicuramente impressionare un empatico che, di base, si preoccupa sempre più per gli altri che per sé stesso.

L'empatico potrebbe passare ore, giorni e settimane intere a studiare i dettagli sul potenziale umano e le motivazioni che da esso ne scaturiscono. E, fin qui, nulla quaestio. Il problema nasce nel momento in cui l'empatico parte per la tangente e comincia ad immaginare che lui e il narcisista sono dalla stessa parte e che condividono il desiderio di capire l'animo umano per distinguersi e per migliorare le loro relazioni lavorando a beneficio degli altri esseri umani. Niente di più sbagliato.

Quando un narcisista ti fa domande, non sta cercando di capire i tuoi piccoli enigmi psicologici per uno scopo preciso. I narcisisti sono abituati a "praticare" le emozioni umane per capire come manipolare meglio, tu sei semplicemente il loro allenatore. Così, mentre l'empatico crede di discutere le sfumature del comportamento umano da una prospettiva psicologica e psicoterapeutica intrigante, il narcisista vuole raccogliere più informazioni possibili per poi sferrare la prossima serie di attacchi.

Alcuni empatici, in particolare quelli che hanno dovuto lottare duramente per ottenere l'approvazione di un genitore narcisista, cercano di continuo ed inconsciamente modi per suturare le loro ferite infantili. E l'incontro con un narcisista freddo, manipolatore ed indifferente, ha proprio questa funzione. Gli da la possibilità di ripercorrere il loro vissuto infantile fatto di rifiuti e frustrazione per aggiustarlo e dimostrare a loro stessi di esser degni di attenzione. Ma è un cane che si morde la coda. Non funziona. Da una parte potranno sicuramente rivivere i loro sentimenti di abbandono ma dall'altra non riusciranno a risolverli né riusciranno a trovare pace, comprensione ed amore per sé stessi.

In una relazione intima con un narcisista, dove non c'è mai davvero la sensazione di sentirsi completamente al sicuro, molti empatici si sentono invece stranamente a casa. Anche con tutta la sofferenza possibile di mezzo. Perché questo? Semplicemente perchè questa situazione gli è "familiare". Possono infatti continuare a recitare il dramma di essere colpevoli del disinteresse e della freddezza del narcisista per cercare di raggiungere uno stato emotivo più elevato. Ma è una lotta contro i mulini a vento dove, purtroppo, c'è solo un vincitore. E non è l'empatico.

Così, alla fine possiamo facilmente renderci conto del fatto che la relazione, per l'empatico, non è altro che un'opportunità per mettersi al passo con sé stesso. Perché in questo tipo di relazione l'empatico non potrà mai prosperare, non potrà mai sentirsi libero e forse inconsciamente nemmeno lo vuole. Potrà solo soffrire. E, nella migliore delle ipotesi, capire, o almeno cominciare a farlo, come stanno veramente le cose per avere poi la possibilità di vedere da vicino queste dinamiche, provarle ancora ed ancora, fino a quando poi non si stancherà di punirsi e prenderà una decisione in termini di "cambiamento" che muove quasi sempre sul presupposto di un percorso terapeutico attraverso il quale affrontare il proprio passato ed arrivare a "perdonare".

Se guardiamo la vicenda da una prospettiva spirituale un po' più alta, ciò che gli empatici potrebbero quindi inconsciamente trovare attraente in un narcisista è che lui metterà alla prova i loro confini senza pietà fino a quando non saranno costretti a circoscriverli e rafforzarli per poi finalmente vedere ed imparare a conoscere i loro desideri ed i loro bisogni come validi e preziosi. Perché una relazione prolungata con un narcisista, alla fine ti costringerà a scegliere tra te o lui! Ti costringerà a scegliere tra la luce e l'oscurità, tra la vita e la morte, servendoti così su di un piatto d'argento l'opportunità di far tuo il valore e la bellezza di una vita scevra da vincoli emozionali di ogni tipo. E quando ti sveglierai dal suo incantesimo e comprenderai il pieno orrore della tortura che ti ha inflitto, allora si che comincerai a guarire il dolore del tuo precedente abbandono e dell'abuso familiare. Se invece non elaborerai tutto questo, allora rimarrai incatenata per tutta la vita.

Ti dico un'altra cosa adesso, ad un certo punto del percorso, potrai anche percepire che, in un certo senso, ti stavi nascondendo dietro il narcisista! Stavi difendendo la tua zona di comfort, tutelando il tuo caldo rifugio per proteggerti dal dolore patito nel passato.

Tuttavia, dopo aver sperimentato l'isolamento estremo, il dolore e le restrizioni che derivano dall'essere la principale fonte vitale di un narcisista, potrai finalmente essere pronta a fuggire dalla prigionia delle tue paure per abbracciare tutte le opportunità che la vita ha da offrirti. E credimi, sono veramente tantissime.

Per darti una metafora, posso dirti che per molti empatici, l'influenza sabotatrice di un narcisista può esser paragonata a quella di una catapulta che tira e distende la tua psiche finché non diventerai talmente consapevole e sicura di soffrire da essere poi lasciata all'improvviso per volare lontano. Dopo un periodo di esclusione dalla vita estremamente lungo e fatto di restrizioni, potrai improvvisamente scoprire che la paura di realizzare il tuo scopo e condividere i tuoi doni con il mondo piano piano diminuirà.

La paura del soffocamento sotto l'egida quasi invalicabile del narcisista possessivo è molto più grande della paura di condividere i tuoi doni con il mondo. Devi solo prenderne consapevolezza.

Passiamo adesso all'aspetto positivo. Ce ne sarà uno no?

Bene, una relazione con un narcisista può insegnarci come amare e rispettare noi stessi per esser poi pronti, un giorno, a far risplendere la nostra luce. Gli empatici hanno così tanto amore da dare che a volte possono credere che nel prendersi cura di un individuo maligno, stiano compiendo la missione della loro vita.

Purtroppo, le cose stanno diversamente. In questo tipo di rapporti le vibrazioni non sono le stesse. Non esiste alcun senso di dare e ricevere, nessun mutuo beneficio, nessuna soddisfazione dell'anima e nessun riconoscimento. Non c'è flusso di energia, solo un circuito chiuso in cui il narcisista prende avidamente e l'empatico dona a dispetto di tutto in un'imboscata infinita del cuore, dell'anima, dello spirito, del corpo e della mente, finché tutto non viene prosciugato.

Poi, quando l'empatico si rende conto di aver fallito più e più volte nel riconquistare gli affetti del narcisista e ripristinare la sua precedente idealizzazione, alla fine sarà costretto a guardarsi dentro, sarà costretto ad un'introspezione molto profonda per sviluppare un migliore senso di identità, far crescere l'autostima e raggiungere la capacità di lenire le proprie ferite.

Se ti identifichi come empatica, sappi che il narcisista sa bene che hai un disperato bisogno di approvazione esterna. Magari ha pure conosciuto la tua famiglia e di conseguenza potrebbe anche sapere il perché. Così, estrarre minuscole goccioline di lode e apprezzamento solo quando lo ritiene necessario, gli consentirà di tenerti agganciata e mantenere il controllo su di te il più a lungo possibile.

Per molti empatici, la loro disistima è così profonda al punto di confondere ciò che molte altre vittime di narcisisti sperimentano come hoovering. Per loro rappresenta semplicemente il ritorno ad un temporaneo e paradossalmente normale livello di rispetto. Un narcisista, magari convivente, ad esempio, potrebbe improvvisamente dimostrarti di esser diventato autonomo, anche se sente che stai scivolando via mentre fino a questo momento ti aveva praticamente trasformato in una sguattera. Sa che ormai sei cotta a puntino e non c'è più bisogno di lodi o di cene a lume di candela. È stato così profondo il lavaggio del cervello che ha fatto in precedenza che anche una minima offerta potrebbe esser sufficiente per far credere all'empatico che il narcisista sia ancora il principe azzurro di una volta che ha semplicemente attraversato una crisi.

Per alcuni narcisisti non è neanche così necessario l'hoovering, almeno per come lo abbiamo inteso fino a questo momento. Perché in alcuni casi, per loro, è sufficiente semplicemente smettere di manipolare e triangolare per un po' e far calmare le acque.

A volte, è proprio notando queste miserabili dinamiche che un empatico comincia ad aspettarsi di più dalla vita. Capita proprio quando ci si trova in una situazione in cui il regalo più grande che ci si può aspettare dal partner narcisista sarà la quiete di qualche giorno dopo mesi di rabbia esplosiva oppure un "grazie" per avergli spolverato le mutande.

Da una relazione, amica mica, devi imparare ad aspettarti molto di più, questa da oggi dovrà essere la tua sfida. Ed una relazione con un narcisista potrà essere il catalizzatore necessario che servirà a dimostrarti finalmente che meriti molto di più dalla vita di quanto ti sei mai **permessa** di sperare.

Da una più alta prospettiva di crescita e di sviluppo spirituale, potremmo anche dedurre che forse gli empatici sono attratti da questi intrecci narcisistici perché sanno che solo così saranno costretti a crescere e ad imparare ad amare sé stessi fino alla fine.

Partendo dall'assunto che "niente avviene per caso" vogliamo magari anche pensare, per indorarci la pillola, che forse i narcisisti sono stati mandati nella nostra vita proprio per facilitare la nostra crescita? Si, perché no, magari ci può anche stare. Tuttavia, questo non dovrà mai portarti ad assolvere il narcisista oppure credere che troverai l'amore all'interno dei confini di questa relazione tossica.

Tutto ciò che ami, o hai amato, di questa persona è solo una gigantesca illusione. Amando, o avendo amato, qualcuno che non ti ama perché non riesce ad amare nel modo in cui gli altri esseri umani meritano di essere amati, stai solo dimostrando che c'è ancora qualcosa su cui devi lavorare e che ha a che fare con l'amor proprio. <u>Ha a che fare con te!</u>

Per concludere questo capitolo ti consiglio di tenere bene a mente queste ultime parole: l'unica cosa da fare, per te e per il narcisista, per progredire lungo i rispettivi percorsi spirituali è andarsene senza mai voltarsi indietro, rifiutarsi di esser trascinata nel suo conflitto interiore e scappare il più lontano possibile. E quando finalmente guarirai le ferite che ti tengono bloccata in questa tossicità, allora sarai pronta ad attrarre nuove persone ed essere amata per quello che veramente meriti.

Capitolo 8 – Forza mentale e guarigione

Cos'è la forza mentale e come la coltivi?

La forza mentale, che spesso viene indicata come "focus", "grinta" o "perseveranza", è la misura, o meglio la capacità, di una persona nel portare a termine un compito o raggiungere un obiettivo specifico nonostante le difficoltà, gli ostacoli, gli imprevisti, i fattori di stress e le pressioni che gli si presentano durante il percorso.

Ognuno di noi ha capacità, talento ed intelligenza. Purtroppo, però, queste cose da sole non bastano se si vogliono raggiungere obiettivi nella vita. È necessaria anche quella forza trainante che serve ad accompagnare una persona verso una destinazione specifica. Ed è qui che entra in gioco la forza mentale.

Essa consiste nel fare in modo che la nostra mente si concentri su di un qualcosa in particolare e che faccia tutto il possibile per raggiungere i risultati desiderati.

Sebbene alcune persone, purtroppo non molte rispetto alla media, sembrino essere naturalmente predisposte ad una condizione di questo tipo, la maggior parte di noi, invece, deve imparare come essere mentalmente focalizzata attraverso esperienze di vita che genereranno paradigmi inconsci e che arrivano a seguito di diverse tipologie di sfide che dobbiamo affrontare e superare per ottenere quello che vogliamo. Se falliamo nelle sfide, se lasciamo che i condizionamenti negativi prevalgano nel nostro inconscio, allora avremo difficoltà ad ottenere risultati. In caso contrario, avremo successo. È un processo che ho riassunto molto in sintesi e che meriterebbe approfondimenti in altre sedi. Ha a che fare con tutto ciò che è relativo al funzionamento della nostra mente e alla nostra riprogrammazione. Ma non deviamo troppo ed andiamo avanti.

Ora, questo focus, questa forza mentale, è essenziale in varie aree della nostra vita **inclusa l'eventuale guarigione dall'abuso narcisistico**. Infatti, sebbene una persona possa inizialmente non avere la capacità di gestire un narcisista, può comunque sempre scegliere di superare il trauma che ha subito o che sta subendo ed imparare ad allenare la propria mente. Se quindi, in questo momento sei vittima di un abuso narcisistico o pensi di esserlo, ecco alcuni passaggi che potrai compiere per cominciare a staccarti dalla relazione tossica, andare avanti con la tua vita e preservare la tua salute mentale.

1. Credere in sé stessi

Una persona che crede fermamente in sé stessa ha di base una mentalità vincente. Un individuo di questo tipo penserà di poter ottenere tutto ciò che vuole e di esercitare il proprio potenziale in ogni situazione. Crederà, inoltre, di poter superare qualsiasi sfida decidendo di muoversi verso la direzione che più gli conviene.

2. Avere obiettivi chiari

Una chiara destinazione motiverà sempre il viaggio. Chiediti quindi qual è il tuo obiettivo, se esso è realistico e perché vuoi raggiungerlo. Una volta che avrai chiaro il tuo perché, potrai andare avanti verso il suo raggiungimento. Raccogli tutte le risorse necessarie ed elabora un piano d'azione per realizzare ciò che vuoi realizzare e agisci di conseguenza. Il metodo potrà comportare l'esecuzione di piccoli passaggi alla volta (step) fino al raggiungimento della ricompensa finale.

3. Anticipare gli alti e i bassi

Essere mentalmente "focalizzati" significa anche anticipare le battute d'arresto, che sicuramente arriveranno, ed avere la sicurezza per affrontarle e superarle. Il tuo viaggio non sarà sempre un letto di rose. Ma qualunque cosa la vita ti presenterà, tu dovrai avere la forza ed il coraggio per gestirla. Parte dell'essere perseveranti sta proprio nello sviluppare la capacità di gestire lo stress e tollerare il disagio derivante da eventi negativi senza però abbandonare il percorso.

4. Essere coerenti

Essere coerenti significa sviluppare abitudini e routine quotidiane costanti che ti assicurino di andare avanti ogni giorno, di settimana in settimana, di mese in mese, ecc. Sviluppare questo può richieder del tempo. Ma una volta che queste abitudini entreranno nel tuo sistema, sarà difficile poi romperle.

5. Continuare nonostante le battute di arresto

Il tuo livello di forza mentale sarà solitamente messo alla prova. Fidati, capita quasi sempre, è una specie di legge dell'universo e quando un individuo deve affrontare delle sfide funziona così. Una persona focalizzata mentalmente si preparerà sempre ad affrontare le battute d'arresto perché sa come fare.

Avrà comunque sempre un piano di riserva in caso di eventualità e disporrà di risorse utili per affrontare le situazioni di stress.

6. Avere autodisciplina

Le persone tenaci prendono sempre l'iniziativa. Stabiliscono i loro obiettivi personali e lavorano duro per raggiungerli. Sono in grado di prendere decisioni nei momenti difficili e riescono a superare bene qualsiasi battuta d'arresto. Hanno sane abitudini e camminano passo dopo passo fino al raggiungimento del loro obiettivo finale.

7. Rimanere concentrati

Per una persona mentalmente forte, rimanere concentrati significa che i loro occhi e la loro mente sono fissi sul pezzo, indipendentemente da ciò che incontrano lungo il percorso. Non si lasciano distrarre ed ogni volta che vivono un momento negativo riescono a tirarsene fuori e ad andare avanti.

8. Avere autocontrollo

Avere autocontrollo significa esser attivamente coinvolto nel creare le proprie vittorie. Un individuo con autocontrollo non aspetta che la vita gli accada ma agisce per far accadere le cose. Le persone mentalmente forti, quindi, hanno il controllo della loro vita! Di conseguenza hanno il controllo del loro destino.

9. Impegnarsi

Impegnarsi significa non arrendersi mai lungo il percorso che si è deciso di intraprendere. Significa attenersi al proprio piano, nel bene e nel male.

Sei nella circostanza di non perdere mai la visione di ciò che vuoi ottenere? Allora significa che ti stai impegnando costantemente ed in modo consapevole per fare ciò che vuoi.

10. Essere positivi

Indica la capacità di rimanere sempre positivo anche quando le cose sembrano non andare nel migliore dei modi. Devi sapere che il tuo atteggiamento nei confronti di una determinata situazione potrà spronarti o trattenerti. Se proprio pensi di non avere alternative agendo in un modo, allora cambia strategia. Ma vai sempre avanti. Se fallisci, prendi il fallimento come un'opportunità di crescita, scrolla le spalle e vai avanti. Lamentarsi e tenere il broncio non porta le persone da nessuna parte.

11. Farsi aiutare

Avere un caro amico od un familiare che ci tiene per mano e ci incoraggia è un buon modo per rimanere sempre in carreggiata. Questo elemento di supporto dovrebbe aiutarti ad essere responsabile e monitorare i tuoi progressi.

Inoltre, loro non dovrebbero mai accettare o lasciarsi influenzare dalle tue scuse.

Potrebbe esser utile anche guardare un mentore o qualcuno che ha intrapreso un percorso simile al tuo. Questi potrebbe aiutarti a rimanere concentrato.

Secondo Doug Strycharczyk, esperto in questo settore, e Peter Clough, specializzato nel campo dell'ingegneria energetica, la forza mentale è la capacità che determina nelle persone il modo in cui gestiscono la pressione, i fattori di stress e le sfide quotidiane che affrontano nella loro vita indipendentemente dalle circostanze che prevalgono in un determinato momento. <u>La loro definizione riconosce che ad un certo punto un individuo incontrerà condizioni che cercheranno di schiacciarlo ma, a seconda di quanto sia mentalmente forte, lui, o lei, potrà reagire riuscendo a gestire la situazione.</u>

Sempre secondo loro, alcuni degli elementi più importanti della forza mentale ed il modo in cui essi proteggono un individuo dagli abusi riguardano:

La sfida - Nella maggior parte delle situazioni, le persone vedono le sfide come ostacoli che sono lì per impedirgli di raggiungere i loro obiettivi. Una tale mentalità, gli impedisce così di superarli. Un individuo mentalmente forte, invece, vede le sfide come opportunità da prendere e battaglie dalle quali uscire vincitore. Questo significa considerare l'evento avverso come una sfida ed attuare strategie per affrontarlo ed uscirne vincitore.

Il Controllo - La maggior parte delle persone che patiscono abusi per mani di altre persone credono di non avere il potere di fare nulla concedendosi in tutto e per tutto al soggetto abusante. Chi è mentalmente forte, difficilmente rimarrà a guardare. Perché è fortemente convinto di avere il controllo della sua vita ed il destino nelle sue mani.

L'impegno - Come i chiodi e la colla giocano un ruolo fondamentale nell'unire due pezzi di legno, così un impegno è una promessa in ogni relazione. L'impegno consiste nell'alimentare sempre qualcosa, sia che si tratti di una relazione o di una causa da perseguire, indipendentemente dalle sfide che si presentano. Le persone mentalmente forti hanno chiaro cosa vogliono in ogni situazione e continuano a seguirne il "flusso" finché non ottengono ciò che pensano di meritare anche di fronte a mille difficoltà.

La fiducia - Un individuo fiducioso è il tipo di persona che sa di avere tutto ciò che serve per avere successo andando quindi avanti per perseguirlo. Questa forte convinzione rende quasi impossibile che i violenti, i manipolatori, gli aguzzini ed i truffatori si approfittino di lui in qualche modo.

Sviluppare forza mentale richiede pratica e tempo. Potrebbe non essere la cosa più facile da fare ma, una volta padroneggiata, potrà aiutarti in molte situazioni e non solo a superare l'abuso emotivo.

Per cominciare, comincia ad uscire dalla tua zona di comfort e scegli di affrontare a testa alta le sfide che la vita ti propone. In questo modo, raccoglierai esperienza e conoscenza da poter applicare nei momenti più difficili. Con il tempo, sarai in grado di elaborare le cose che hai progettato per te e superare gli ostacoli che incontrerai lungo la strada.

Come l'empatia può aiutarti a leggere le emozioni e le intenzioni delle persone

L'empatia fra tutte le qualità che possediamo è quella che più ci rende umani se ben sviluppata. Noi siamo naturalmente strutturati in modo da poter interagire e comunicare con gli altri esprimendo ed interpretando i sentimenti e le emozioni proprio grazie all'empatia.

Ora, alcune persone sono naturalmente più brave rispetto ad altre nel provare empatia. Riescono così a raccontare i sentimenti degli altri addirittura solo guardandoli. E tutto ciò può esser considerato un dono. Altre persone, invece, essendo meno empatiche hanno difficoltà a cogliere i sentimenti e le emozioni degli altri. Tuttavia, la maggior parte degli esseri umani si trova nel mezzo è può entrare in empatia con le persone solo in una certa misura o meglio solo quando ricevono segnali specifici. Fortunatamente, però, l'empatia è un qualcosa che può essere allenata.

Che cos'è esattamente l'empatia?

L'empatia è la capacità di percepire e capire ciò che un'altra persona sta provando, sperimentando o attraversando. Avere empatia significa:

- Riuscire a calarsi nei panni di un'altra persona

- Capire cosa prova l'altra persona

- Reagire e mostrare ciò che proviamo quando ci caliamo nei panni di un'altra persona

- Riuscire a fare tutto questo evitando di giudicare

Esistono tre tipi di empatia:

1. **Empatia cognitiva**. Si riferisce semplicemente alla capacità di comprendere le emozioni degli altri senza necessariamente rispondere con una reazione emotiva.

2. **Empatia affettiva**. Si riferisce alla capacità di comprendere e rispondere in modo molto simile alle emozioni dell'altra persona.

3. **Empatia compassionevole**. Si riferisce alla capacità di comprendere, riconoscere e aiutare la persona ad uscire dalla situazione in cui si trova.

I benefici dell'empatia

Le persone altamente empatiche, come già detto, sono molto brave a "leggere" gli altri e possono, quindi, raccontare rapidamente le loro emozioni e le loro intenzioni. Ogni volta che si incontrano persone, generalmente, si interagisce anche tramite l'empatia e quando ciò accade si crea un ambiente in cui queste altre persone riescono a sentirsi a proprio agio, condividendo molto e aprendosi al prossimo. In questo processo, si possono così captare le emozioni di una persona e vedere quali sono le sue intenzioni. Vediamo come funziona cercando di schematizzare al meglio:

1. Il primo step lo dovremmo ormai aver capito bene. Se sei empatica, sarai in grado di entrare in contatto con un'altra persona fino al punto di riuscire a sentire le sue emozioni, capire le sue intenzioni e talvolta anticipare i suoi pensieri.

2. Essere empatica significa sperimentare qualcosa dal punto di vista di un'altra persona avendo la possibilità di vedere le cose da una prospettiva diversa.

3. Ascoltando empaticamente potrai captare i segnali non verbali della comunicazione che palesano, spesso anche in modo piuttosto evidente, ciò che l'altro intende e vuole comunicare anche se ciò che sta verbalmente dicendo è l'esatto contrario di ciò che vuol lasciar intendere.

4. Attraverso l'empatia potrai capire la situazione di un altro e dare un senso al motivo per cui quella persona si comporta in una certa maniera.

5. Empatizzare significa anche esser "sensibile" alle emozioni degli altri. Le persone di solito sono a loro agio nel condividere le informazioni solo quando sentono che gli altri sono interessati. Più sono a loro agio, più informazioni riusciranno a fornire ed altrettante ne potranno raccogliere.

6. Se sei empatica sarai consapevole anche delle tue emozioni e sarai quindi in grado di regolarle. Potrai, di conseguenza, mostrare calma e serenità dando così spazio agli altri di esprimersi e aprirsi completamente.

7. Entrando in empatia con qualcuno non avrai bisogno di giudicare perché saprai fin da subito chi è veramente.

8. L'empatia alimenterà l'attaccamento e la vicinanza. Le persone che riescono a mostrare ed esprimere compassione creano una forte intimità. E quando entriamo profondamente in connessione con qualcuno, tendiamo ad esprimere le nostre emozioni liberamente.

Come essere empatico

Una volta compreso bene il significato dell'empatia bisognerà capire anche come usarla nel modo migliore per scoprire quali sentimenti e che emozioni provano gli altri.

Per prima cosa, dovrai iniziare a controllare te stessa. Sei in grado di capire i tuoi sentimenti e le tue emozioni? Se la risposta è affermativa, allora sarai anche in grado di accettarli ed esprimerli e di conseguenza avrai dimestichezza anche nell'accettare e comprendere i sentimenti e le emozioni degli altri.

In secondo luogo, dovrai allenare l'empatia interagendo con quante più persone possibili. Fidati, rimarrai sorpreso da quante persone riuscirai ad avvicinare semplicemente mostrando compassione. Dovrà essere una specie di allenamento, un cambio di prospettiva nel vedere e cercar di sentire gli altri. Non deve necessariamente portare a relazioni durature.

Infine, mentre farai tutto questo, cerca di usare tutti i tuoi sensi per comprendere al meglio i messaggi che gli altri stanno cercando di comunicarti. Per capire e valutare chiaramente i sentimenti di una persona dovrai concentrarti su ciò che dice, su come lo dice e su cosa fa mentre lo esprime.

Superare l'abuso narcisistico con l'aiuto dell'empatia

Le persone che sono più empatiche di altre tendono a coinvolgersi troppo nei problemi delle persone. Ed è proprio questo che spesso da origine a relazioni tossiche. Quando un empatico ed un narcisista si incontrano è molto probabile che il rapporto possa sfociare in una relazione abusante. Questi individui sono due opposti che si attraggono in modo pazzesco. Un narcisista, come saprai, fiorisce sul presupposto dell'attenzione che un empatico è molto bravo a dare. Pertanto, per evitare di cadere nella rete dei narcisisti, gli empatici potranno usare il loro dono a proprio vantaggio differenziando le persone con buone e cattive intenzioni e manipolando individualmente solo i "cattivi".

Sarà quindi necessario, una volta ascoltato il proprio istinto ed aver più o meno inquadrato una persona, essere cautamente empatici con certi soggetti senza aprirsi a libro e cominciare a stabilire confini chiari. Concentrarsi su altri aspetti della propria vita può aiutare molto a gestire determinate situazioni senza però abbandonare mai l'intento di rafforzare la capacità di leggere le persone per riconoscere coloro che hanno intenzioni genuine. In questo modo, la probabilità di evitare relazioni tossiche ed instaurarne di sane aumenterà esponenzialmente. Questo significa utilizzare l'empatia a proprio vantaggio. Un empatico, rispetto ad altri, ha una sensibilità molto più sviluppata! È sicuramente in grado di intercettare un narcisista prima ancora di cadere nella sua rete. Spesso, però, semplicemente rifiuta di ascoltarsi e fa prevalere quel senso naturale di abnegazione verso il prossimo che con certi individui dovrebbe esser controllato.

PNL, abilità empatiche e abilità sociali come strumenti di comunicazione efficace

In questa parte, toccheremo, in modo però molto marginale tengo a precisare, alcuni argomenti che ritengo esser necessari per fornirti un quadro più chiaro delle possibilità di introspezione e dei percorsi che hai a disposizione se vuoi cominciare a cambiare in meglio la tua vita. Prendi tutto ciò come suggerimento dal quale partire per poi approfondire in separata sede. Ricorda sempre: i libri, di qualsiasi tipo essi siano, hanno la funzione di aprirti gli occhi e renderti edotta su determinate tematiche, quello che fa poi la differenza è la **capacità di agire.**

Con PNL ci riferiamo alla programmazione neuro-linguistica. Essa va intesa come "metodo di comunicazione" in grado di offrire modalità pratiche attraverso le quali le persone potranno approcciarsi alla loro vita in modo diverso, visualizzando gli eventi passati e cambiando il loro modo di pensare. In un certo senso, la PNL insegna alle persone come prendere pienamente il controllo della loro mente e, di conseguenza, della loro vita. In altre parole, la PNL può anche essere definita come un approccio che si concentra sul legame tra linguaggio, processi neurologici e modelli comportamentali appresi. È un metodo estremamente efficace e potente attraverso il quale le persone riescono a comprendere meglio le loro reali motivazioni e ad analizzare quali istinti ci sono dietro alle loro azioni. Ultimamente si sta diffondendo molto e viene spesso usata dalle persone che vogliono raggiungere obiettivi specifici nella vita, superare determinati limiti personali e migliorare la comunicazione e lo sviluppo personale.

Comunicare in modo efficace è un fattore essenziale per il successo e possedere determinate abilità pratiche di comunicazione equivale a coinvolgere gli altri più che con le sole abilità oratorie. Riuscire, quindi, a migliorare il linguaggio non verbale e para-verbale (linguaggio del corpo) può contribuire al miglioramento generale delle proprie abilità sociali. Basti pensare che la maggior parte delle persone di successo, al giorno d'oggi, possiede eccezionali capacità di comunicazione.

Il principio alla base della PNL

Con la PNL si parte dal presupposto che le persone potrebbero non avere il pieno controllo su tutti gli aspetti della loro vita, ed in effetti è proprio così, ma che possono però sempre controllare ciò che accade nella loro mente. Le loro emozioni, i loro sentimenti ed i loro pensieri causano sempre effetti sul loro modo di vivere ed interagire. Di conseguenza, emozioni mal gestite, pensieri negativi e sentimenti provati sulla base di un vissuto di sofferenza possono invalidare le loro azioni.

La PNL, quindi, può aiutarli a prendere il controllo delle loro convinzioni per trasformare il modo in cui si sentono e cambiare i loro modelli di pensiero. In sostanza, le persone non possono controllare sempre cosa succede ma possono controllare come affrontarlo.

Questa disciplina può aiutare chiunque a sviluppare eccellenti capacità di comunicazione offrendo strumenti idonei a comprendere come le persone percepiscono determinate informazioni.

Gli individui, ogni giorno, sono bombardati da tutta una serie di segnali provenienti da ogni dove e le loro menti filtrano queste informazioni in base alla loro comprensione della vita che deriva dall'esperienza e da una determinata conoscenza acquisita. Il processo della programmazione neuro-linguistica si basa proprio sulle esperienze individuali, sull'ambiente in cui queste sono state vissute e sugli stimoli diretti che generano un determinato comportamento. Approfondisce il modo in cui le menti delle persone ricevono determinate informazioni aiutandole così a utilizzare quella conoscenza per comunicare in modo più efficace.

La popolarità della PNL è cresciuta molto da quando è stata concepita negli anni '70. Essa, oltre ad aiutare le persone a migliorare le loro abilità sociali per comunicare in modo più efficace, viene anche utilizzata nel trattamento dei disturbi d'ansia e delle fobie, nonché nel miglioramento della felicità personale e delle prestazioni sul posto di lavoro.

Integra tecniche di comunicazione, comportamentali e percettive studiate per rendere più semplice alle persone cambiare le loro azioni ed i loro pensieri; cerca di identificare e migliorare i propri pregiudizi inconsci ed è diversa dall'ipnoterapia in quanto funziona attraverso l'uso consapevole del linguaggio al fine di trasformare i pensieri delle persone e di conseguenza i loro comportamenti.

La programmazione neuro-linguistica utilizza una vasta gamma di tecniche. Fra le più comuni, annoveriamo:

1. L'uso di esperienze sensoriali per realizzare stati emotivi individuali

2. Il collegamento dei comportamenti delle persone per migliorare la risposta e la comunicazione attraverso l'empatia

3. Il cambiamento dei modelli di pensiero e di comportamento per arrivare al risultato desiderato

4. La rimozione di sentimenti e pensieri negativi associati a eventi passati

Bene, spero di averti dato una veloce infarinatura di cosa sia la programmazione neuro-linguista ed a cosa serve. Ora sta a te decidere se approfondirne i contenuti o meno. Io ti consiglio di farlo. Ti prego quindi ti tenere presente che, in un eventuale recupero da un abuso narcisistico, questa, assieme ad altri percorsi mirati intrapresi con terapeuti esperti sul disturbo narcisistico della personalità, potrebbe esserti di grande aiuto.

Riprendere il controllo della tua vita dopo anni di abusi potrebbe sembrarti una cosa molto difficile da fare. Ma posso dirti con assoluta certezza che con la guida giusta e utilizzando determinati strumenti, potrai riprendere efficacemente il controllo e ritrovare la serenità perduta.

Se sei stata abusata, se hai permesso ad un narcisista di entrare nella tua vita e di rimanerci per molto tempo oppure se hai vissuto con un genitore narcisista, sappi che ci vorrà molto tempo per riprendere il controllo della tua vita. Sei stata isolata, inseguita e monitorata per troppo tempo ma non ti preoccupare, questi passaggi ti aiuteranno a riconquistare il potere e, magari perché no, anche ad avere una bella rivalsa. Vediamoli:

1. Accettare il vissuto

Che ti piaccia o no, oggi c'è molta negatività nel tuo "sistema". Anche se ormai ti sei allontanata da un individuo narcisista, hai accumulato tanta tossicità mentre interagivi con lui e tentavi di far funzionare la relazione. Hai cercato di capirlo mentre si approfittava di te, hai soprasseduto davanti a determinati comportamenti, gli hai perdonato bugie e tradimenti ma adesso è giunto il momento di lasciar andare tutta questa oscurità e dare spazio al nuovo per riprendere forma.

Da dove cominciare quindi? Bene, come ho già scritto in altra sede, un buon punto di partenza potrebbe essere quello di prendere un diario ed iniziare a scrivere i tuoi pensieri. Poi, potresti cominciare a confidarti con un amico/a ed infine, cosa più importante, dovresti contattare un terapeuta che sia in grado di aiutarti ad elaborare il trauma.

Raccontare la tua storia, ad un amico o durante un colloquio terapeutico, può essere molto utile poiché ti aiuta a riorganizzare i pensieri confusi ed a rimetterti in posizione. Ti aiuterà altresì a potenziarti poiché, essendo ormai fuori dalla relazione tossica, potrai finalmente essere onesta con te stessa e fare mente locale. Infine, ti consiglio di interessarti anche alla meditazione. Con essa, avrai un ulteriore e nuovo strumento per elaborare le negatività e potrai fare chiarezza per dare spazio al "nuovo".

2. Tenere un elenco degli incidenti di percorso che hai vissuto

Sebbene possa sembrare banale, compilare un elenco relativo alle esperienze vissute durante la relazione e relative agli abusi subiti ti aiuterà a realizzare quello che hai passato, a confrontarlo con l'attuale e di conseguenza ad apprezzare la tua crescita.

Questi ricordi ti renderanno orgogliosa del coraggio che hai avuto quando hai deciso di allontanarti da lui per lasciare spazio ad una vita più gratificante. Apprezzerai il fatto che ora potrai vivere come una persona libera e sarai in grado di evitare poi di ricadere nella relazione violenta.

3. Organizzare i tuoi spazi ed il tuo tempo

Avere uno spazio tutto tuo ordinato e ben organizzato ti renderà più facile assorbire e metabolizzare tutto quello che ti capita. Quando, al contrario, le "tue zone" sono piene di disordine, ti sentirai sopraffatta perché la tua mente registra che hai molto da fare.

Cerca quindi di sforzarti a lasciare solo le cose che contano per te e a gettar via tutto il resto. Scoprirai che il tuo cervello risponderà positivamente quando si trova a vivere in un luogo ordinato.

Ti sentirai più stabile e avrai più energia per affrontare ogni nuovo giorno. Il disordine oscura la tua mente e il tuo pensiero.

Cerca infine di organizzare i tempi della tua giornata stabilendo la tua buona routine quotidiana dove assegnerai alle attività più significative quelle ore del giorno in cui ti senti più attiva ed energica.

4. Connettersi con amici e familiari

Come ormai ben saprai, i narcisisti di solito isolano le loro vittime dai loro cari e dagli amici. Di conseguenza, loro cominceranno a non capirti e potrebbero persino arrivare a pensare che li odi. Magari ti sarà anche capitato di sentirti giudicata innumerevoli volte perché il tuo atteggiamento nei loro confronti è cambiato. E alcuni di loro avranno anche cercato di dirti che, nella tua attuale situazione, non stai bene. Tu, però, hai sempre negato i loro sentimenti nel tentativo di difendere il tuo partner narcisista che, ovviamente, ti ha condizionata a reagire contro ogni loro forma di attacco.

Infine, considerando il fatto che sei stata dipendente dal narcisista per tutte le tue esigenze di contatto sociale, troverai difficile associarti alle persone. La verità, amica mia, è che i tuoi cari sono e saranno sempre desiderosi di riconnettersi con te e ricominciare a trascorrere del tempo insieme. Quindi, senza tentennamenti, riavvicinati a loro, troverai una porta aperta e un luogo dove potrai leccarti le ferite in modo decisamente confortevole.

5. Essere pazienti e prendersi il tempo necessario

Il peggior errore che puoi commettere in questa fase è quello di giudicare te stessa e pensare che non stai facendo progressi veloci nell'uscire dalla sofferenza e dimenticare il tuo narcisista. Cerca di fare molta attenzione, non dovresti essere troppo dura con te stessa. Dovresti essere al contrario consapevole che la guarigione richiede tempo per essere efficace e del tutto compiuta. Chiunque ne ha bisogno per essere in grado di superare qualcosa. Ed in base all'intensità dell'abuso subito o alla durata della relazione tossica potrebbe volercene parecchio prima di uscirne definitivamente.

Non ci sono limiti di tempo per la guarigione. Ricorda che il tuo aggressore ti ha già separato dalle persone a te care e dalle tue passioni più profonde. Ti ha condizionato a sentirti persa e sola senza di lui. Pertanto, i tempi per la guarigione potrebbero essere lunghi! Sta a te essere gentile con te stessa e paziente durante tutto il tuo percorso.

Infine, cerca di non buttarti subito in un'altra relazione. Potrebbe offuscare il tuo pensiero e togliere tempo al processo di guarigione. Senza dimenticare poi che una tale sofferenza non è salutare in un nuovo rapporto.

6. Riconoscere quello che è stato e perdonarsi

Potresti essere tentata di punirti per aver permesso ad una persona così tossica di entrare e rimanere nella tua vita per così tanto tempo. Tuttavia, la vera guarigione ed il recupero del controllo della tua vita implicano l'accettazione di quello che hai vissuto, l'accettazione del fatto che ti sei legata ad una persona patologicamente tossica e l'accettazione che questa persona ti ha consapevolmente ferita. Accetta, pertanto, di essere stata ingannata ed abusata. Cercare di assecondarlo e mostrargli che lo capivi ti ha negato la possibilità di identificare i segnali di pericolo. Inoltre, lui ha usato i tuoi punti di forza contro di te! Si è approfittato del fatto che ti interessavi a lui, che avevi un buon lavoro, che eri una persona decisamente organizzata e consapevole, aperta alle idee e finanziariamente stabile.

Non te lo sei mai meritato amica mia. Ed è stato crudele da parte sua abusare di te. Tu non c'entri nulla chiaro?

Quando avrai accettato tutto questo, allora dovrai e potrai perdonare te stessa. Questa è la cosa più importante da fare. Non importa quanto tempo, quanta energia, quanto benessere e quanto denaro hai perso. Tutto questo appartiene al passato. Perdonati quindi e vai avanti. Sei stata ingannata e non hai colpe. Accettalo e fanne esperienza.

7. Acquisire conoscenza

Dare un senso agli abusi subiti e riflettere su cosa fare dopo sembra essere una cosa molto difficile da fare. Questo perché, per troppo tempo, sei stata costretta a vedere il mondo solo attraverso la prospettiva del tuo aggressore. Ora sei confusa! E magari ti starai chiedendo da dove cominciare. Bene, cerca di informarti quotidianamente sulla materia. Ci sono una miriade di articoli e corsi online a cui potrai avere accesso e che potranno aiutarti in questo.

La conoscenza è potere. E migliorare le tue capacità non passerà mai di moda.

8. Spostare l'attenzione

Esser stata abusata per un lungo periodo può facilmente riportare la mente a tornare su questi pensieri. Tutto ciò è un aspetto del trauma e della dissonanza cognitiva e potrebbe comportare un ostacolo al corretto recupero.

Il motivo per cui il tuo cervello cerca continuamente di spingerti a rimuginare è che vuole comprendere fino in fondo le cose e le emozioni legate al processo. Questo è assolutamente sbagliato. Non dovresti "intrattenerti" sul passato ma, al contrario, capitalizzare il presente per evitare di trovarti a fare un passo avanti e due indietro.

Cerca quindi di allenare la tua mente ad essere nel **qui ed ora** per dar vita al futuro che senti di meritare. Per aumentare la tua motivazione dovrai ricominciare a sognare e a pensare che questi sogni sono raggiungibili e magnifici.

Spostare la tua attenzione significa guardare avanti per riuscire a cambiare il tuo stato da quello di "vittima" a quello di "protagonista" della tua vita.

9. Riprendere il controllo della propria vita e guarire il proprio io interiore

Prendendo questi consigli come linee da seguire ogni giorno facendoli diventare un'abitudine, sarà molto più facile poi riprendere il controllo della propria vita.

Partiamo quindi dal presupposto che sei ormai al punto di aver capito di essere stata maltrattata e ti sei anche perdonata, manca da fare l'ultimo passo per riprendere il pieno controllo della tua vita.

L'essenza di tutto questo sta nel fare chiarezza nella tua mente accettando il fatto che, per molto tempo, hai avuto accanto una persona tossica che ti ha ferito in modo consapevole. Dovrai inoltre accettare il fatto di esser stata delusa perché gli hai permesso di ferirti più e più volte e non esser stata in grado di ascoltare ed obbedire al tuo istinto.

Il narcisista ha approfittato dei tuoi tratti umani e li ha usati contro di te, senza dubbio. Ma la verità è che tu hai avuto un ruolo in questa relazione, che sia esso quello dell'amore o dell'empatia ma lo hai avuto. Come detto sopra, non hai colpe ma hai sicuramente recitato una parte importante in tutta la vicenda.

Ad un certo punto di questa relazione e per lunghi periodi, ne sono sicura, avrai avuto anche una sensazione di disagio e insofferenza molto forte nello stomaco e non ho dubbi sul fatto che tu l'abbia ignorata.

Forse l'hai fatto perché speravi, in un eccesso d'amore e di empatia, che tutto avrebbe funzionato. E un giorno, dopo esserti identificata con tutto questo ed aver accettato questa verità, sarà più facile perdonarti.

Ma ricordati questo amica mia, per guarire definitivamente il tuo "io" interiore, dovrai necessariamente eliminare qualsiasi trauma legato al passato. Sarà quindi necessario ridurre, fino quasi ad eliminare, il dolore irrisolto, stabilire un senso di coesione interiore e ripristinare una connessione più profonda relativa alla fiducia in te stessa.

Da questo momento in poi, il tuo traguardo sarà strettamente legato alla volontà che avrai nel lasciare andare qualsiasi dolore passato. Sappi che questa è la strada giusta per la guarigione e, sebbene potrà richiedere più tempo del previsto, con impegno e determinazione, alla fine sono sicura che avrai successo.

Capitolo 10 – I pilastri del recupero dall'abuso narcisistico

Nei capitoli precedenti abbiamo affrontato alcuni aspetti che io ritengo essere importanti e relativi al processo di guarigione e su come esso funziona. Ora, è tempo di passare al prossimo aspetto della guarigione.

Prima di tutto, comincia con il prendere atto del fatto che tu sei caratterizzata da quattro aspetti che io amo paragonare alle "mura" di una casa. Questi quattro aspetti, o pilastri, sono tutto quello che ti rendono la persona che sei e che definiscono la tua un'identità.

Essi sono:

- **Autostima**
- **Valore**
- **Fiducia in sé stessi**
- **Amore per sé stessi**

Come avrai notato procedendo nella lettura di questo libro, questi "aspetti" sono stati tirati in causa già diverse volte. Essi sono i quattro pilastri su cui poggia ogni essere umano. E questi pilastri supportano l'individuo in tutto l'arco della propria vita nell'affrontare i problemi che essa spesso pone concedendo o meno, a seconda dei casi, la possibilità di sperimentare una vita appagante.

Una relazione con un narcisista fa parecchio male e provoca danni piuttosto seri proprio perché un narcisista attacca metodicamente tutti e quattro questi pilastri. Si assicura meticolosamente di non lasciare nulla di intentato nel danneggiare ogni piccola parte di questi quattro pilastri, rosicchiandoli piano piano, senza lasciare altra scelta se non quella di farti cadere rovinosamente.

Per aiutarti a capirlo meglio, immagina un tornado che si abbatte su qualche parte del mondo. Ti sei mai resa conto della distruzione provocata da un uragano? Ti sei mai chiesta quanto tempo impiegano poi le persone per riprendere la propria vita e riscostruire la propria casa? Questo è un concetto strettamente legato a quanto detto nel precedente capitolo.

Ecco, dopo una relazione con un narcisista tu starai esattamente come tutte quelle persone colpite dall'uragano. Un narcisista ti attacca senza preavviso e quando meno te lo aspetti proprio come un uragano. Attacca tutti i tuoi pilastri e comincia a distruggere le fondamenta su cui tu poggi fino al punto di farti crollare, proprio come quelle case che durante un uragano vengono abbattute dal vento e dalla pioggia. La distruzione è così violenta che ci vogliono mesi e, in alcuni casi, anni prima che i pilastri vengano ricostruiti.

La buona notizia, è che nel tuo caso, ci sono alcune pratiche di base che tu puoi fare per accelerare il processo di ricostruzione. Vediamole...

Autostima

L'**autostima** significa essenzialmente "sostenersi". È una attitudine relativa a quanto controllo hai su te stessa, sulla tua mente, sul tuo corpo e sui tuoi comportamenti. Riguarda altresì la percezione che hai di te stesso e il modo in cui ti vedi.

Il suo opposto, invece, si chiama auto-sabotaggio o autolesionismo. Durante il processo di guarigione, dovrai ricostruire la **tua autostima**. E potrai cominciare facendo cose semplici che inizieranno a farti sentire nel pieno controllo della situazione. Puoi iniziare con cose di base come l'igiene che, a seguito di un trauma molto profondo, potresti ignorare a causa del tuo disturbo da stress post-traumatico o da una forma di depressione. Insomma, qualcosa di semplice come l'avere una routine quotidiana tipo fare la doccia o vestirsi in modo decente anche se sei a casa potrà aiutarti a ritrovare senso di controllo. Piano piano, questi piccoli passi, ti aiuteranno ad affrontare problemi sempre più significativi.

Valore

Qui, si tratta di conoscere il **tuo valore** e rispettarlo. Credo che tu valga il rispetto, l'amore e l'affetto che meriti, mi sbaglio? Penso proprio di no, forse hai solo bisogno di prenderne coscienza. L'esatto opposto di questa attitudine, invece, è la vergogna e l'indegnità.

Con l'abuso narcisistico, il manipolatore vuole assicurarsi di farti provare un profondo senso di vergogna cronico e un odio immotivato verso te stessa.

Considerarsi una persona di **valore**, significa anche avere confronti e parlare comunicando rispetto per i tuoi diritti e difendere te stessa e ciò in cui credi.

Pertanto, concentrati sul coraggio di costruire il tuo **valore**. Avere coraggio, in questo aspetto, non significa cercare di scalare le montagne o allenarti per correre a 100 km l'ora. Avere coraggio significa prendere misure per cambiare attivamente la propria vita. Può significare ad esempio fare domanda per un altro lavoro perché quello attuale non ti soddisfa, oppure essere in grado di negoziare e quindi chiedere il salario che pensi di meritare. Significa osare negli studi se hai sempre voluto studiare ecc. In sintesi, significa identificare qualcosa che volevi fare ma non hai mai fatto perché credevi di non valere abbastanza per poterlo fare.

Fiducia in sé stessi

La **fiducia in sé stessi** riguarda la fiducia nel riconoscere e fidarsi del proprio giudizio. Significa avere fiducia nelle proprie decisioni. Significa non indovinare ogni singola decisione ma preoccuparsene affinché venga portata a compimento.

Quando ti manca **fiducia in te stessa** vivi costantemente nella paura e nel dubbio. Durante la relazione con il narcisista, generalmente si comincia lentamente a perdere la **fiducia in sé stessi** senza nemmeno rendersene conto. Succede silenziosamente e prima che tu te ne accorga! Così ti ritroverai non a decidere ma a indovinare. Il narcisista raggiunge questo obiettivo con il gaslighting e deviando la colpa relativa ad eventi negativi.

L'unico modo per ricostruire la **fiducia in sé stessi** è ascoltare il tuo istinto e le tue intuizioni. Quella sensazione viscerale di cui tutti parlano è a cui bisogna prestare attenzione. Se qualcosa non ti sembra giusto, allora fidati di questo istinto e lascialo andare. Il sentimento istintivo è molto più tangibile di alcune riflessioni. Il sentimento istintivo non è mai sbagliato! È la tua voce interiore che cerca di guidarti e proteggerti dal pericolo o da qualcosa che sa non esser giusto per te.

Cerca di prestargli quindi molta attenzione perché istinto ed intuito smetteranno di funzionare una volta che comincerai ad ignorarli. È come ignorare il tuo migliore amico che sai non volere altro che le cose migliori per te. Se comincerai ad ignorarli, quindi, non ti guideranno più e sarà proprio in quel momento che comincerai a fare passi sbagliati.

Riprendili e ascoltali dunque. Segui quello ti suggeriscono e goditi il tuo cambiamento.

Amore per sé stessi

Siamo arrivati all'ultimo pilastro, l'amor proprio. Esso riguarda sia il modo in cui ti curi che quello in cui ti nutri (fisicamente e mentalmente). Si tratta, in sostanza, di trattarti bene. L'**amore per sé stessi** passa in secondo piano durante una relazione con un narcisista perché il narcisista vuole succhiarlo tutto per sé.

Quando hai una relazione con un soggetto narcisista smetti improvvisamente di essere in relazione con te stessa.

Lentamente, smetterai di amarti e andrai in modalità di negazione e auto-giudizio. Ti giudicherai male e cercherai di razionalizzare, giustificandoli, tutti i cattivi comportamenti del narcisista.

Quando non ti ami, entri in una modalità particolare che attrae molto determinate categorie di persone sviluppando un complesso salvifico. Ora, arrivata a questo punto con la lettura, dovresti aver capito quanto sia pericoloso per la tua salute fisica e mentale il "complesso del salvatore" o "sindrome da crocerossina" chiamalo come vuoi. Nelle relazioni tossiche, generalmente si comincia a credere di essere brutti, di valere poco e si smette di prendersi cura della propria salute.

La medicina per fronteggiare tutto questo sta nel ritornare ad **amare sé stessi**. E questo potrai ottenerlo cominciando a fare piccoli passi come magari cucinare il tuo piatto preferito, avere un'alimentazione sana e fare pasti regolari. Potrebbe anche consistere nel regalarsi un particolare trattamento in un salone di bellezza o in una spa. Insomma, dovrai ricominciare a coccolarti.

Quindi, amica mia, comincia con il concentrarti sulle cose che vuoi cambiare di te e, cosa più importante, comincia ad accettare ciò che **non puoi** cambiare. Accettarsi fa parte dell'amor proprio perché se non ti ami per quello che sei, allora nessun altro lo farà. Tieni presente che gli altri ti tratteranno sempre nello stesso modo in cui tu tratti te stessa. Trattarsi bene significa insegnare al mondo come deve trattarti trasmettendogli i tuoi confini ed i tuoi desideri.

Quanto tempo ci vorrà per poter guarire completamente?

Questa domanda tormenta la maggior parte delle vittime perché il processo di recupero può sembrare un'eternità senza fine.

Non nego che spesso e per molto tempo, la sera, potresti andare a letto desiderando di non doverti alzare la mattina dopo per la paura di vivere l'ennesima orribile giornata. Ti sentirai vuota, senza entusiasmo e come se quella benedetta luce alla fine del tunnel non apparisse mai.

Il consiglio che mi sento di darti è quello di cercare di non affogare in questa disperazione perché determinati pensieri negativi rischiano di riportarti rapidamente nel **loop della vittima**. Si, proprio così, il loop della vittima è quello che io definisco come un viaggio senza ritorno di pochi minuti e gratuito in un aereo che ha come destinazione finale il livello più profondo di paura, odio e disgusto. Aggrappati a tutta la forza che hai. Perché credimi, ne hai davvero tanta. Cerca conforto nel fatto che hai ancora una fantastica opportunità per guarire. La forza della guarigione è tutta nel tuo spirito ed è tutto ciò di cui hai bisogno. Ricorda, le tue cicatrici non sono fisiche, sono ferite sanguinanti della tua psiche che hanno eccellenti probabilità di guarigione. Dipende solo da te.

Purtroppo, moltissime donne trascorrono la loro intera vita intrappolate nel loop della vittima, non riescono ad uscirne e si condannano ad una vita di infelicità e insoddisfazione. Non fare lo stesso errore.

La verità, cara amica, è che non esiste una linea temporale per la guarigione. Non è un calcolo matematico con risultati prestabiliti. Non fidarti di chi quantifica il tempo per il recupero e non prestare attenzione a chi afferma di esser guarita in poco tempo. Non è una gara, non sei in competizione con qualcuno. Il percorso che deciderai di intraprendere, se lo deciderai, riguarda solo te e la tua vita. Questo processo dovrà essere completo e profondo per essere sostenibile. E per questo avrai bisogno di tempo.

Il tuo, è un viaggio spirituale dove tu sei la destinazione. Per alcuni potrà durare un mese? Probabile! Ma per molti altri potrà durare anni.

La guarigione dipende da vari fattori ma è strettamente connessa al tuo impegno e alla tua determinazione. A volte potrai sentirti giù per il fatto di non vedere alcun progresso mentre altre farai persino dei passi indietro per ragioni che non potrai mai capire da sola. Funziona così ed è tutto normale. Quello che conta, è che quando comincerai il tuo percorso di rinnovamento ricomincerai subito a vivere. Anche se per il recupero definitivo ci vorrà del tempo.

Insisti, non mollare! Impegno e determinazione possono fare magie. Ricordati di tenere un diario dove annotare tutto. Raccontagli i tuoi momenti brutti e prendi nota di ogni tuo traguardo. Questo riconoscimento, nel bene e nel male, ti aiuterà a sviluppare l'amor proprio e ti porterà all'accettazione ed al perdono.

Guarire dall'abuso narcisistico è una cosa molto seria e non importa se impiegherai qualche mese in più. Quello che dovrai tenere bene a mente è che per guarire completamente dal tuo trauma avrai bisogno di terminare il tuo percorso a pieni voti e senza mai voltarti indietro.

Capitolo 11 – Guarire dal trauma emotivo

Sebbene la sindrome da abuso narcisistico abbia le sue peculiarità, non differisce molto da altri traumi emotivi meno conosciuti. Ciò che è specifico in essa è invece la causa (la personalità dell'autore) ma le conseguenze psicologiche, come abbiamo già detto, assomigliano a quelle osservate nel disturbo post-traumatico da stress ed in tanti altri disturbi.

Proprio per questo, oggi abbiamo a disposizione tutta una serie di modalità attraverso cui poter trattare il trauma causato da un individuo che manifesta tratti narcisistici.

Abbiamo anche già menzionato, in altri libri, il cosiddetto circolo vizioso di abusi che rappresenta quel particolare tipo di abuso che, a volte, può essere anche mortale e nel quale la vittima resta con l'aggressore, nonostante ripetute negligenze, violenze e molestie. Ciò accade soprattutto quando qualcuno cresce in un determinato tipo di ambiente per il quale i modelli di relazione interpersonali vengono virtualmente incorporati nella personalità e nel subconscio del soggetto che avrà così molta difficoltà a staccarsene.

Prendiamo adesso per un momento come esempio le donne che crescono in famiglie disfunzionali nelle quali vengono sempre maltrattate dai loro genitori alcolizzati. Gli uomini sono molto più inclini all'alcolismo in generale, motivo per cui alcune donne sviluppano un legame paterno estremamente problematico. Da un lato, quello più naturale, amano il padre mentre dall'altro, quello ambientale, lo odiano perché il suo alcolismo distrugge la famiglia.

Quando poi queste sfortunate bambine crescono e lasciano la casa dei genitori, sembra che finalmente potranno vivere una vita sana. Piene di ricordi ineffabili e amari, giurano di fare una scelta migliore di quella che hanno fatto le loro madri. E indovina un po' cosa succede? Le donne cresciute con un padre problematico tendono a scegliere proprio partner che gli assomigliano.

Questo modello, quasi tragico, di legame interpersonale, è, ovviamente, un modello inconscio.

Con questa breve digressione, abbiamo voluto enfatizzare il radicamento di alcune convinzioni e disturbi disfunzionali e le conseguenze che queste caratteristiche hanno sul processo di guarigione. Per gli individui cronicamente abusati, questo processo non è affatto naturale o breve, può durare anni, ma la cosa più importante è che la convalescenza è possibile e spesso propedeutica alla guarigione. Purtroppo, però, alcune vittime che non riescono a riprendersi rapidamente potrebbero pensare che c'è qualcosa che non va in loro. Bene, non è affatto così ed anzi questa aspettativa e questo modo di pensare auto-umiliante devono essere dissipati poiché potrebbero costituire un peso difficile da sostenere durante un eventuale percorso psicoterapeutico.

Ora, dividerò questo capitolo in due sezioni. Nella prima analizzeremo le fasi del processo di guarigione, che sono principalmente tre, mentre nella seconda ti mostrerò alcune metodiche psicoterapeutiche che sono state scientificamente validate e sviluppate in seguito.

Tieni però ben a mente che questi due aspetti, sebbene presentati in modo indipendente, non si escludono a vicenda. Al contrario, sono quasi sempre mescolati. Nella pratica, le determinate fasi vengono ampiamente utilizzate in psicoterapia ed il risultato di queste viene amplificato proprio dalla psicoterapia stessa.

Fasi di guarigione

Partiamo dal presupposto che quando si decide di affrontare un trauma emotivo, ci sono un paio di passaggi significativi e determinanti da seguire, oltre a tutta una serie di comportamenti.

L'accettazione del problema, che è il primo passaggio, non può essere raggiunta prima che ne venga riconosciuta l'esistenza. Da tutto ciò che hai letto fino a questo punto, probabilmente avrai capito che le vittime di abusi narcisistici spesso si biasimano per difficoltà relazionali e comportamenti che si producono a causa di un'altra persona. Ma, biasimandosi, le vittime cercano di mantenere lo status quo e quindi rimanere nel circolo vizioso degli abusi. Purtroppo, in questa fase iniziale, la paura di perdere il partner è maggiore della sofferenza.

Andiamo nel dettaglio:

1. Riconoscimento del problema

Decidere che la propria vita è più importante di qualsiasi altra cosa, riconoscendo quindi il problema, potrebbe comunque non essere sufficiente alla vittima per spezzare il legame con l'aggressore poiché essa empatizza con i suoi sentimenti. Ciò, però, di cui la vittima non si rende conto all'inizio di questa fase è che l'aggressore, al contrario, non è, e non sarà mai, assolutamente in grado di empatizzare con lei.

Perdonare è un conto! Continuare a ripetere ciclicamente un comportamento disadattivo è qualcosa di completamente diverso. Pertanto, la vittima dovrà essere completamente determinata a salvare la sua salute mentale e, in alcune circostanze, anche la sua vita, e farlo SENZA ALCUN RIGUARDO PER L'AGGRESSORE. L'aggressore ha già avuto la sua occasione! E purtroppo non solo l'ha persa! Ma ha anche causato molta sofferenza. Senza dimenticare il fatto che poi non cambierà quasi mai.

2. Auto-compassione

Dopo aver preso una decisione ferma ed irrevocabile nel voler preservare la propria vita ed il proprio benessere, la vittima potrà procedere nello sviluppare una profonda comprensione di sé stessa.

Nel corso degli anni si è biasimata per ogni piccolo errore. Ora, non solo dovrà accettare che non tutto quello che accade nel mondo è colpa sua, ma anche che i suoi eventuali errori sono perdonabili e possono rappresentare un qualcosa che gli altri sono perfettamente in grado di capire.

Oltre quindi a sviluppare una sana auto-compassione, farà bene a circondarsi anche di brave persone, magari migliori e soprattutto compassionevoli.

Non è facile. Indubbiamente non lo è. Purtroppo quando la vittima interromperà i contatti con l'aggressore, si troverà a dover drasticamente cambiare tutti i suoi circoli sociali. Difatti, quelli che aveva, ammesso che ne avesse, erano tutti strettamente connessi al soggetto abusante.

Questo, rappresenta proprio uno dei motivi principali che causano il circolo vizioso. È come se la vittima si dicesse "Ebbene, cosa posso fare adesso? Lui è quello che ho, se lo lascio perché mi maltratta, allora perderò tutto e la situazione per me diventerà insostenibile! Devo continuare in ciò che riesco a sopportare meglio".

Bisogna ammetterlo, non è facile cambiare completamente la propria vita dall'oggi al domani. Potrebbe comportare solitudine, lieve depressione ed isolamento. Tuttavia, ci sono soluzioni a questo problema. Ad esempio, all'inizio, lo psicoterapeuta, o un esperto sul trattamento di relazioni tossiche come un life-coach potrebbe fornire il calore necessario ed un ambiente di accettazione incondizionata. In altri casi, questo tipo di situazione, anche se io consiglio sempre la prima, potrebbe essere fornita da amici, familiari, colleghi di lavoro o parenti.

3. Risorgere come una Fenice

Dopo molta perseveranza e determinazione, la vittima potrebbe finalmente arrivare al punto di poter ricominciare a rimodellare completamente la sua vita. Quando il trauma è così grave da sembrare di difficile soluzione, e questi casi, purtroppo, ci sono, la persona potrà comunque cominciare a trovare un minimo di conforto dedicandosi all'aiuto degli altri cosa che, per altro, in veste di persona empatica, non le sarà così strana.

Partecipare a riunioni di gruppi di persone che hanno subito traumi simili, aiutare gli altri, diventare un consulente, iscriversi alla facoltà di psicologia, decidere di affrontare un percorso psicoterapeutico o fare un corso per diventare un life-coach (e non sono pochi quelli che provengono da abusi di un certo tipo) e molte altre cose, sono tutte possibilità che un individuo abusato ha per riprendersi da un trauma emotivo. Allenarsi, ad esempio, alla comunicazione assertiva durante un percorso psicoterapeutico è un qualcosa di ampiamente utilizzato dai professionisti del settore non solo per quel che riguarda coloro i quali hanno subito abusi emotivi ma anche per quel che riguarda altre persone con problemi di ansia sociale o qualsiasi altra problematica relativa alla comunicazione.

Come già accennato, le vittime di abusi narcisistici sono spesso eccessivamente "dipendenti" ed allo stesso tempo mancano di fiducia e di autostima. Proprio a causa di queste caratteristiche, è difficile per loro confrontarsi con altre persone in modo educato. Bene, comincia a tener presente che affrontare qualcuno, anche duramente, può essere fatto con rispetto e senza degenerare. Le vittime di abusi narcisistici sono purtroppo inclini a pensare che ogni volta che si contraddice l'opinione di qualcuno, si appare come scortesi o addirittura fastidiosi. Formarsi ed allenarsi alla comunicazione assertiva consiste nell'educare l'individuo su modi diversi e più funzionali di esprimere la propria opinione. Così, dopo aver valutato i tipi ed il contenuto di determinate espressioni se ne concorda con il professionista qualcuna e la persona decide di provarle durante la terapia proprio come se avesse davanti il vero interlocutore.

È un semplice gioco di "recitazione" in cui un terapista rappresenta un individuo con cui la persona vuole confrontarsi. Ad esempio, la vittima potrebbe utilizzare un'espressione del tipo "Ho sentito quello che dici e ti capisco, ma questa è la mia opinione sull'argomento, cerca di rispettarla per favore...", oppure "Va bene, cerchiamo di procedere in questo modo però...". Il contenuto specifico delle dichiarazioni assertive non ha importanza. Quello che importa è che la persona impari a confrontarsi con gli altri cercando di comunicare esattamente la sua opinione od il suo stato d'animo senza chiudersi nel silenzio o degenerare.

La psicoterapia

L'acronimo CPT, in inglese, sta per **Cognitive Processing Therapy** che in italiano significa **processo di terapia cognitivo-comportamentale**.

Perché questo tipo di terapia? Perché è stato scientificamente dimostrato che questo processo è efficace nel trattamento delle vittime di abusi emotivi, stupro, abusi sui minori, disastri naturali e conflitti interpersonali.

Questo tipo di trattamento ha diverse fasi. Nella prima fase, la vittima viene informata sul DPTS (disordine post-traumatico da stress), o qualsiasi altro problema correlato al trauma, e sulle informazioni relative all'efficacia della tecnica terapeutica oltre che sul disturbo stesso, sul proprio futuro e su tutto ciò che la vittima ha possibilità di esplorare una volta cominciato il trattamento. Presupposto di questa fase è che il cliente accetti di aver bisogno di aiuto.

A questa fase, ne segue una più specifica e orientata più specificamente al processo educativo. Il terapeuta, quindi, dopo aver spiegato i concetti di base della CPT, comincia ad "educare" la persona a termini e concetti come paradigmi, pensieri automatici, e collegamento causale tra pensieri, emozioni e comportamento. Ad esempio, non è raro sentir menzionare nelle sessioni terapeutiche cognitivo-comportamentali che, quando proviamo un'emozione negativa, tendiamo spesso a trascurare il nesso causale tra pensieri e sentimenti.

Le vittime di abusi spesso provano emozioni negative come vergogna e senso di colpa che sono generalmente emozioni "depressive". Ogni sfida viene vista come un'opportunità per fallire e quando poi non a caso la persona fallisce prenderà come unica ragione valida solo la propria carenza personale. Ma, come hanno sostenuto diversi autori come Albert Ellis e Aaron T. Beck, importanti psicologi americani, questo tipo di pensiero è quasi sempre di parte ed estremamente auto-umiliante. Entrambi, infatti, suppongono che <u>non si tratta di una deficienza interiore che impedisce a determinate persone di vivere una vita sana e di successo ma piuttosto un insieme di rigide credenze ancorate ai loro comportamenti (paradigmi)</u>. Prima ancora di cominciare, loro falliscono, in tutto. Perché, in un certo senso, sono stati condizionate a fallire e quindi ripetono quel copione che rappresenta la loro zona di comfort.

Le vittime di abusi hanno un'idea eccessivamente negativa di sé stesse e da questa "rete" di rappresentazioni di sé spuntano fuori i cosiddetti pensieri automatici. Introdotta da Beck, questa espressione denota ed indica credenze implicite e spesso inconsce che proliferano in continuazione nella nostra mente. Così, quando un individuo, depressivo in questo contesto, si trova sul punto di dover affrontare una sfida la mente parte in loop producendo automaticamente pensieri come "sto per fallire" oppure "non mi farò certo ingannare, non sono proprio all'altezza di un compito del genere". Beck credeva, e crede ancora visto che ha 99 anni che Dio lo benedica, che questi pensieri possono essere portati in superficie della coscienza a seguito di questo processo cognitivo-comportamentale in un periodo di tempo non determinabile e soggettivo. Infatti, quasi tutte le persone che lui ha trattato hanno confermato questa sua ipotesi.

Perché l'esistenza di questi pensieri automatici è così importante da un punto di vista terapeutico? Perché essa mostra che la cognizione fa emergere determinate emozioni e di conseguenza il comportamento successivo. Così, quando i pazienti **confermano** e **riconoscono** la presenza di determinati pensieri, il cambiamento può iniziare.

Di solito, questi pensieri automatici sono collegati a situazioni e persone specifiche. Una vittima di stupro, ad esempio, sarà in grado di affermare che idee terribili e di un certo tipo compaiono solo in circostanze particolari come ad esempio feste, appuntamenti e strade deserte, producendo poi l'azione successiva che sarà predeterminata a quel tipo di pensiero. Il contenuto di questi pensieri automatici viene analizzato a fondo proprio nel processo di terapia cognitivo-comportamentale.

La fase successiva prevede la sostituzione di schemi di pensiero disadattivi con modelli più positivi. Questo risultato può essere ottenuto dedicandosi alle proprie passioni e ai lavori domestici ed è una delle tecniche più efficienti di terapia cognitivo-comportamentale perché le persone imparano a dedicare più tempo a loro stesse ed al loro benessere mentale. In altre tipologie di trattamenti, al contrario, non ci si sofferma molto sull'incoraggiamento ad agire.

Ovviamente, il cambiamento non avviene la prima volta che la persona identifica modelli di pensiero negativi. Ma con la perseveranza ed il tempo, man mano che l'individuo diventerà più versatile e capace nel "catturare" pensieri automatici, i vecchi schemi cognitivi verranno lentamente sostituiti da nuovi e più positivi.

La femmina narcisista

Mi è stato chiesto molte volte di caratterizzare la femmina narcisista, proverò qui ad elencarne alcuni aspetti, quelli che considero i più rilevanti, riservandomi poi di approfondire l'argomento in altra sede, magari in un libro più specifico.

Le caratteristiche della narcisista femmina sono peculiari in generale e questo tende ad apparire nel loro genere con frequenze più alte rispetto alle loro controparti maschili.

Gli uomini, in media, sono più inclini ad agire in modo aggressivo e ricorrono spesso alla violenza, verbale e alle volte, meno frequentemente, fisica. Dall'altra parte, la narcisista femmina mostra questo tipo di comportamento meno frequentemente. Possiamo pertanto affermare che il narcisismo femminile è, in un certo senso, nascosto e raramente viene espresso apertamente.

A peggiorare le cose, quando arrivano i primi segnali critici del narcisismo, essi vengono talvolta trascurati ed attribuiti alle "fasi" che l'adolescente sta attraversando. Di fatto, è senza ombra di dubbio vero che gli adolescenti attraversano sicuramente periodi parecchio stressanti, di conseguenza differenziare la patologia da uno sviluppo sano è estremamente difficile e attuabile solo da persone estremamente esperte su determinate dinamiche.

I ricercatori, però, concordano su un fatto. E cioè che i segni dei disturbi della personalità compaiono molto presto nell'infanzia e tendono a diventare più evidenti durante il periodo dell'adolescenza.

È altrettanto vero, però, che la giovinezza è un periodo di significativi cambiamenti nel fisico sia da un punto di vista fisico appunto che caratteriale. Il periodo adolescenziale è un periodo di grandi tumulti. È stato ripetutamente riscontrato che i livelli neurotici aumentano parecchio durante l'adolescenza. Ciò significa che gli adolescenti, in questo periodo, diventano molto più instabili mentalmente; iniziano a mettere in discussione tutto, dal senso della vita all'autorità dei genitori. Si concentrano sull'aspetto e si preoccupano eccessivamente della loro fisicità. La loro fiducia viene spesso scossa e l'emotività diventa un grande pasticcio.

I tuoi genitori sapranno esattamente di cosa stiamo parlando. Questo periodo non è affatto semplice per gli adolescenti. E non lo è anche per i genitori.

Tutto questo, quindi, per dire cosa? Semplicemente per marcare una importante differenza che c'è tra un ragazzo in pubertà ed una ragazza in gioventù. Attenzione però, non confondete tutto questo con il sessismo! È stato però scientificamente dimostrato che, in media, le donne hanno livelli neurotici più alti.

Nell'adolescenza gli amici sono tutto. Voci, dicerie, e tante altre brutte cose possono diventare qualcosa su cui riflettere. Le ragazze, in particolare, ne conoscono molto bene l'impatto, motivo per cui le usano abbastanza spesso per vendicarsi o semplicemente per schernire qualcuno che non gli piace.

Avrai quindi già capito dove stiamo andando a parare con queste divagazioni! Una giovane narcisista può essere "rilevata" se si presta molta attenzione alla sua vita sociale. Ad esempio, darà inizio a voci, del tutto ingiustificate, su qualcuno che la infastidisce e lo farà solo per capriccio. Lei sa molto bene quali possono essere le conseguenze.

Questi comportamenti possono essere alla lunga molto pericolosi. Molti studiosi della materia ne hanno ormai accertato gli orribili effetti ed i fatti di cronaca attuale ce lo testimoniano continuamente. Alcuni adolescenti possono arrivare anche al suicidio perché qualche loro compagno di scuola inizia a credere a determinate bugie con la conseguenza di isolarli. Generalmente, tutti i narcisisti, ad un certo punto della relazione, cominciano con un certo tipo di abuso. Ma, nelle femmine, la componente verbale è molto più preponderante rispetto ai maschi. In un certo senso, la femmina narcisista è molto più subdola e cattiva del maschio.

Come già detto, quando le azioni di una ragazza vengono in un certo senso messe in discussione, difficilmente le si condannano. Nella stragrande maggioranza dei casi, invece, le viene quasi sempre attribuita una giustificazione legata allo sviluppo caratteriale ed alla pubertà in generale. Tuttavia, non bisogna neanche però cadere nel tranello! Non tutte le ragazze sabotano attivamente le relazioni e inventano pettegolezzi inimmaginabili sui loro amici "intimi". Ho messo volutamente la parola intimi tra virgolette perché, sebbene apparentemente vicini, i narcisisti e di conseguenza anche le femmine narcisiste, raramente sviluppano una relazione profonda, sia essa amicale o sentimentale. Ed è proprio qui il bandolo della matassa. Perché quando si legano a qualcuno entra in gioco l'invidia. E mentre sembrano ammirare i loro migliori amici, o partner, in verità li stanno semplicemente invidiando e l'invidia vissuta fluisce attraverso continui pettegolezzi e sabotaggi delle relazioni.

Inoltre, non solo durante la pubertà, alcuni comportamenti "femminili" vengono dissimulati ma, grazie a stereotipi largamente diffusi sulle donne, esse vengono considerate per natura gentili, innocenti e calme. Alcuni arrivano a credere addirittura che le donne siano generalmente meno sicure e abbiano meno autostima degli uomini. Non è affatto così, anzi. Tutti questi stereotipi, però, rendono più difficile determinare se una persona di sesso femminile sia una narcisista o meno. Questi tipi di donne sanno molto bene come nascondersi e sanno prendersi delle pause dalla loro routine narcisistica al momento giusto.

Tutto ciò premesso, i loro pettegolezzi e la loro tossicità possono essere riconosciuti se si sa bene dove guardare. Le narcisiste femmine hanno un fortissimo senso di rivalità con le altre donne. È quasi come se partecipassero sempre ad una gara, anche in situazioni banali in cui la concorrenza è totalmente assente. Alcune possono persino vantarsi di non avere amiche, dato che, almeno secondo loro, tutte le altre ragazze le invidiano. Ed anche se questo alle volte è vero, e cioè effettivamente non hanno amiche, succede sempre perché le altre ragazze capiscono piuttosto velocemente con chi hanno a che fare.

Sul luogo di lavoro, invece, il pettegolezzo sui compagni di scuola è sostituito dal pettegolezzo sui colleghi. Quando le loro intenzioni sono particolarmente insidiose, potrebbero persino utilizzare astutamente determinate voci per far licenziare qualcuno oppure utilizzarne altre per irretire e sedurre un loro superiore.

Il loro continuo senso di competizione le porta poi spesso a "flirtare" con i compagni delle loro conoscenze femminili. Possono spesso fare la prima mossa e ritrovarsi estremamente deluse se non incontrano la risposta desiderata. Quando invece arrivano a dama, distruggono l'altrui relazione per poi passare immediatamente alla vittima successiva.

Non possono quindi instaurare amicizie sane e oneste, lavorano nell'ombra e sempre alle spalle dei loro amici, e quando sono parte attiva di un tradimento godono nel rendere evidente l'adulterio per il semplice gusto di distruggere altre persone (rifornimento narcisistico).

Infine, non si limitano a suscitare infedeltà negli altri. Sono incredibilmente immorali nelle loro relazioni e questo che sto scrivendo non riguarda solo il solito pregiudizio verso le avventure di una notte, molte persone che non sono in alcun modo narcisiste si impegnano in relazioni brevi e superficiali. Loro vogliono, più o meno consciamente, ingannare continuamente i loro partner e non sentono nemmeno un accenno di colpa o rimorso. A volte formano i cosiddetti "triangoli amorosi" che sono terribilmente traumatizzanti per le altre due persone.

Fra le altre caratteristiche del narcisismo al femminile, troviamo l'ossessione per l'aspetto fisico. Questo, molto probabilmente, è dovuto alle convenzioni sociali e alle aspettative che le persone, soprattutto i maschi, hanno sulle donne. Una donna con un disturbo narcisistico di personalità, pur inserendosi in queste credenze stereotipate, le impiega anche a suo vantaggio. In poche parole, non esiterà a usare il suo aspetto ed il suo fascino superficiale per ottenere vantaggi rispetto alle altre donne.

Non è infatti raro vedere una donna narcisista legata ad un partner benestante o ricco. Questa situazione è particolarmente interessante perché rivela il fatto che mentre questo tipo di donna si attiene a quella convenzione sociale prevalente che le donne dovrebbero dipendere dal marito, allo stesso tempo soddisfa le sue tendenze narcisistiche. Essere supportata da un partner ricco significa essere superiore a tutte le altre! Significa altresì essere meritevoli di esser sostenute con doni e denaro.

Ricapitoliamo adesso in breve i tratti più importanti di una donna narcisista:

1. Disturbo che ha origini nel passato

Come per gli altri disturbi della personalità, il disturbo narcisistico comincia ad essere visibile nella pubertà, forse anche prima. Nonostante questo, abbiamo visto prima, nel paragrafo qui sopra, quanto sia difficile distinguere uno sviluppo sano da uno patologico per via delle caratteristiche "naturali" delle femmine. Tuttavia, in fase di diagnosi, si avrà maggior sicurezza nell'identificare una donna come narcisista se si è nella posizione di trovare chiari segnali di questo comportamento nella sua infanzia e nella sua adolescenza.

2. Pettegolezzi, dicerie e voci

Questa è probabilmente la loro arma preferita e, cosa ancora più importante, generalmente molto diffusa tra le donne narcisiste. Ovunque esse si trovino, che sia la scuola, il posto di lavoro, la cerchia di amici, ecc., ci saranno sempre voci insolitamente impertinenti, critiche e svalutanti nei confronti di qualcun altro. E sebbene queste voci possano cominciare per capriccio o addirittura per noia, di solito hanno un obiettivo chiaro ed egoistico: rovinare la reputazione di qualcuno, far licenziare qualcuno, rovinare la relazione di altri, ecc.

3. Rivalità con altre donne

Il continuo confronto con altre femmine le rende straordinariamente vigili e sempre pronte ad attaccare. Se la competizione è particolarmente dura, le donne narcisiste non esiteranno a portare il confronto ad un altro livello. Cercheranno di rubare il partner di qualcuno, oppure di condurre il marito di qualche conoscente o "amica" verso l'infedeltà. Questo comportamento promiscuo funziona per supportare la loro rappresentazione idealizzata di sé.

4. Ossessione per l'aspetto fisico

Bisogna tener presente, relativamente a questo aspetto, che molte persone tengono in modo particolare al loro aspetto fisico. Non però nel modo in cui ci tengono i narcisisti. Loro ne sono letteralmente ossessionati. E qualsiasi mancanza, diretta o indiretta, verso questo viene vissuta in modo patologico. Faranno sapere al mondo intero quanto sono belli e guai a te se il narcisista si rende conto che la tua ammirazione nei suoi confronti non è particolarmente buona.

Nelle donne, ovviamente, questo è amplificato addirittura a livelli spaziali.

Conclusioni

Bene cara amica, siamo giunti alla fine del libro. Mi auguro che adesso tu abbia qualche elemento in più per poter rispondere alle domande che ti frullano nella testa e relative alla tua relazione narcisistica o ad altre esperienze con individui di questo tipo.

In questo libro ho voluto darti ulteriori elementi per migliorare la tua conoscenza su questo disturbo della personalità e per farti raggiungere una maggiore consapevolezza relativamente a ciò di cui hai bisogno per sentirti pronta a riprendere il controllo della tua vita.

Ti ho mostrato che significato può avere una relazione di co-dipendenza, ho cercato di approfondire il perché soggetti empatici e narcisisti sono attratti l'uno dall'altro e ho cercato di mostrarti il narcisismo da un'altra prospettiva.

Ora, il tuo compito dovrà esser quello di fortificarti sempre più in questa "nuova" consapevolezza ed in tutto ciò che ti aiuterà ad imparare come sopravvivere ad esperienze di un certo tipo e ad intraprendere il cammino verso la definitiva guarigione.

Avrai adesso bisogno di onestà verso te stessa per dimostrare il tuo coraggio e trovare la strada da seguire per intraprendere quel percorso di cambiamento necessario. Spero di averti sostenuta un minimo ed averti altresì incoraggiata a comprendere che ci sono modi semplici per trovare quell'aiuto e quel supporto necessari a guidarti nella tua guarigione. Una volta che sarai in grado di identificare i problemi e le cause di alcuni dei tuoi rapporti personali, potrai avere quella forza necessaria ad intraprendere quel percorso di cambiamento e crescita personale propedeutico al tuo definitivo e meraviglioso recupero.

Il mio intento, con questo libro ma come anche con gli altri, è quello di supportarti indipendentemente dalle decisioni che prenderai.

Sono convinta che sei una persona coraggiosa, sana e di valore, e lo dimostra il fatto che tu abbia deciso di informarti acquistando questo libro ed altri che sono di tuo interesse.

Ora, però, dovrai fare un passo in più, dovrai agire! Dovrai metterti i guantoni ed affrontare i tuoi mostri. La sola lettura non basta. Dovrai necessariamente cominciare ad affrontare le tue paure, dovrai fallire per poi rinascere.

Continua comunque sempre a tenerti informata, leggi, guardati video su youtube, ce ne sono molti con ottimi contenuti, fatti consigliare da una persona esperta e, soprattutto, ascolta la tua pancia. Perché quella, fidati, non sbaglia mai.

Ora ti lascio amica mia...

Buona fortuna adesso, e buon viaggio. Ricordati che non sei e non sarai mai sola.

Grazie per aver acquistato **Il Narcisista e L'Empatico**

So che avresti potuto scegliere tra un numero molto ampio di libri da leggere ma hai scelto il mio e di questo te ne sono estremamente grata.

Se, quindi, ti è piaciuto e ti ha lasciato qualcosa, mi piacerebbe avere una tua opinione. Spero, pertanto, che tu possa dedicare un po' del tuo preziosissimo tempo a scrivere e pubblicare una recensione su Amazon.

Voglio che tu sappia che la tua recensione, per me, è molto importante.

Ti auguro tutto il meglio!